Horst Henneberg

AUF DEM PFAD DES BISONHUNDES

Indianer und ihre Pferde

Amerikanistik Spezial

No. 3

Texte zur Völkerkunde und Geschichte Nordamerikas

VERLAG FÜR AMERIKANISTIK
Wyk auf Föhr
West-Germany

AMERIKANISTIK SPEZIAL No. 3

Texte zur Völkerkunde und Geschichte Nordamerikas

Die Illustrationen in dieser Publikation stammen vom Verfasser, Horst Henneberg.

ISBN 3-924696-41-1

3. Auflage 1992

Copyright © 1989 by VERLAG FÜR AMERIKANISTIK, Postfach 1332, D-2270 Wyk auf Foehr

Satzherstellung: Verlag für Amerikanistik
Druck und Reproarbeiten: Druckerei R. Knust, 3300 Braunschweig
Buchbinderische Verarbeitung: Buchbinderei Bratherig, 3300 Braunschweig

Sämtliche Rechte der Verbreitung, in jeglicher Form und Technik, vorbehalten!

Printed in West-Germany

Inhaltsverzeichnis

Einführung 4
Die Spanier als Mittelsmänner 7
Die Indianer und das Pferd 11
    Sattel, Zaumzeug, und so weiter 20
Händler, Räuber und Züchter 32
    Das Pferd als Schutzgeist bei Kriegergesellschaften 35
    Das Pferd in einer Legende der Kainah 35
    Der Mustang im Mittelpunkt religiöser Zeremonien
    und von Geschenkfesten 36
Die Pferdebemalung der Indianer 38
    Bemalung der Pferde beim Pferdetanz der Sioux 44
Wie der Bisonhund zu seinem Namen kam 52
    Das Pferd als Bestandteil des indianischen Personennamens . 55
Die Beinahe-Ausrottung der Mustangs durch den weißen Mann 58
Quellen 61

Einführung

Phenacodus
60 Mio. Jahre vor unserer Zeit

Eohippus oder Hyracotherium

Zu Beginn des 16. Jahrhunderts wurde das Pferd von den Spaniern in Nordamerika wieder eingeführt; es kehrte somit in seine alte Heimat zurück...
Vor über 60 Millionen Jahren lebte im Paleozän *Phenacodus*, ein kleines, höchstens 25 cm hohes Säugetier. 60 Millionen Jahre sind lang für unser Vorstellungsvermögen. Die Umrechnung in Generationen hilft für eine bessere Beschreibung nicht viel weiter; denn die Zahl von 2,4 Millionen Generationen ist immer noch unvorstellbar groß.
Mit seinem kräftigen, langen Schwanz und den mit Krallen bewehrten fünfzehigen Vorder- und Hinterfüßen hatte Phenacodus mehr Ähnlichkeit mit einem Hund als mit einem Pferd. Und doch entwickelte sich daraus das Tier, das zum Stammvater aller Pferde wurde: *Eohippus*, das Pferd des Eozäns. Die in Nordamerika gefundenen Fossilien dieses Tieres werden *Hyracotherium* genannt, was soviel wie klippschlieferähnliches Tier bedeutet. Es handelt sich hier also um die gleiche Art, der man zwei verschiedene Namen gegeben hat. Hyracotherium oder Eohippus lebte vor fast 60 Millionen Jahren. Es wurde 38 cm groß und hatte bereits kleine Hufe an den Zehen, von denen allerdings zu dieser Zeit bereits einige verkümmert waren: vorn hatte es je vier Zehen und hinten je drei.
Zwischen Phenacodus und Eohippus gab es mit Sicherheit noch einige Formen, die uns aber nicht bekannt sind, weil (bis jetzt noch) keine Fossilienfunde von diesen Arten vorliegen. Mit fortschreitender Entwicklung wurden die auf Eohippus folgenden Arten immer größer und pferdeähnlicher.

Equus caballus
hier: Mustang (Pinto)
Gegenwart

Die äußeren Zehen verkümmerten, lediglich der mittlere Huf wurde im Laufe der Zeit immer kräftiger. Zwischen Eohippus und *Equus caballus*, dem heutigen Pferd, gab es zahlreiche Arten, von denen insgesamt 120 bekannt sind; ein fast vollständiger Stammbaum mit nur wenigen „missing links".

Mehrmals in den Jahrmillionen wanderten Pferdeahnen über zeitweilig bestehende Landbrücken sowohl nach Asien und von dort nach Afrika und Europa als auch nach Südamerika aus; wahrscheinlich infolge von Klimaveränderungen starben diese Tiere aber jedesmal wieder aus. In Europa geschah das im Miozän (vor etwa 25 bis 10 Millionen Jahren) und im Pliozän (ungefähr 10 bis 1 Million Jahre vor unserer Zeit), in Südamerika im Pleistozän (vor rund 1 Million bis 10 000 Jahren).

Während des Oligozäns (vor 40 bis 25 Millionen Jahren) verschwand in Nordamerika der Wald auf weiten Flächen; es entstand das „rollende Meer" der Prärien. Die Pferdeahnen, die ursprünglich Laub- und Blütenblätter von Sträuchern und sogar Weintrauben fraßen, stellten sich auf Grasnahrung um: Ihr Gebiß paßte sich dem härteren Gras an, indem die Zähne im Laufe der Zeit eine härtere und breitere Kaufläche ausbildeten; aus relativ langsamen laub- und kräuterfressenden Waldbewohnern waren zu schnellem Laufen fähi-

Höcker: Eohippus   Joche: Mesohippus   Schmelzfalten: Equus

ge Grasfresser geworden. Lange Zeit war es nur eine ungesicherte Vermutung, daß Pferde ursprünglich Laubfresser waren. Die veränderten Zähne galten lediglich als indirekter Beweis, bis 1975 in der Ölschiefergrube Messel ein sensationeller Fund gemacht wurde: Der Mageninhalt des fast 50 Millionen Jahre alten Messeler Urpferdchens war so gut konserviert, daß man unter anderem Laubblätter darin identifizieren konnte.

Das nordamerikanische *Pliohippus* (113 cm Stockmaß) war der erste echte Einhufer und zu seiner Zeit (zusammen mit dem nach Südamerika ausgewanderten nur 100 cm großen *Hipparion*) der einzige Vertreter der Equiden auf der Welt. Aus Pliohippus entwickelte sich das 142 cm hohe *Plesippus*. Während der letzten Eiszeit in Amerika, die von 18 000 bis 8 000 v. Chr. dauerte, kam es zu dramatischen Veränderungen. Der Pferdestamm teilte sich: ein Teil – Hipparion – floh vor der Kälte nach Südamerika und ging dort unter, mit dem anderen Teil gingen zum dritten- und letztenmal über die Landbrücke Beringien Pferde aus Amerika nach Asien und weiter nach Europa und Afrika: *Plesippus*, der unmittelbare Vorläufer von *Equus caballus*, dem heutigen Pferd, sowie der Esel, Halbesel, der afrikanischen Zebras und des letzten bis vor kurzer Zeit in der mongolischen Steppe noch freilebenden echten Wildpferdes, *Equus caballus przewalskij*. Echte Wildpferde haben am Rückgrat den sogenannten Aalstrich, der anderen Pferden, auch den verwilderten, fehlt. Es gibt allerdings auch einige Mustangs mit diesem schwarzen Rückenstreifen, der durch zufällige Rückzüchtung entstanden ist.

Die in Nordamerika zurückgebliebenen Pferde starben ebenso wie ihre südamerikanischen Verwandten aus. Obwohl die Indianer mit Sicherheit zu dieser Zeit bereits in Amerika gelebt haben, berichtet keine ihrer Mythen von diesen Tieren. Auf keinem Felsbild findet man Darstellungen von ihnen – zumindest wurden bis heute keine entdeckt. Bei Tule Springs in der Nähe des heutigen Las Vegas in Süd-Nevada entdeckte Fenley Hunter 1933 eine Feuerstelle vorkolumbianischer Indianer. Die Holzkohlenreste waren mit verschiedenen Tierknochen vermischt, unter anderem auch vom Pferd, daneben fand er eine bearbeitete Obsidianklinge. Das Alter der Knochen wurde bei Datierungsversuchen mit der Radiokarbon-Methode einmal auf 23 800, ein anderes Mal auf 26 000 – 28 000 Jahren eingeordnet. Gleichgültig, welche dieser Altersangaben nun stimmt, beweist dieser Fund, daß der prähistorische Indianer das Pferd kannte. Das kollektive Gedächtnis der Indianer hatte die Pferde aber längst wieder vergessen, als die Spanier nach Amerika kamen und Tiere dieser Art mitbrachten. Als die Indianer ihren ersten Schrecken überwunden hatten, machten sie sich das Pferd zunutze, und einige ihrer Völker, die Nemene, die Kiowa und die Lakota wurden zu den besten Reitern der Welt. Domestiziert wurde das Pferd zuerst entweder nur in Asien oder gleichzeitig in verschiedenen Gebieten in Asien und Europa etwa zwischen 3 000 und 2 800 vor der Zeitenwende, also vor etwa 5 000 bis 4 800 Jahren. In der Anfangszeit wurde das Pferd nur zum Lastentragen und Wagenziehen verwendet. Erst um etwa 1 500 vor der Zeitenwende entdeckte der Mensch, daß das Pferd auch als Reittier genutzt werden konnte. Als im 7. Jahrhundert n. Chr. der Islam sich über Nordafrika ausbreitete, kamen auch die arabischen Vollblüter in dieses Gebiet. Die zu dieser Zeit in Europa lebenden Pferde waren vorwiegend große, schwere Kriegsrösser.

Hernando de Soto, einer der spanischen Konquistadoren, in Florida.

DIE SPANIER ALS MITTELSMÄNNER

Im Jahr 711 eroberten die Mauren (Araber) das spanische Reich. Die von ihnen mitgebrachten Pferde werden wegen ihrer orientalischen und afrikanischen Abstammung Türken, Berber und Araber genannt. Diese Pferde waren leichter und eleganter als die schweren europäischen Kriegsrösser, außerdem schneller und ausdauernder. Die Herrschaft der Araber in Spanien dauerte bis zum 11. Jh., dann erst gelang es den Spaniern in der sogenannten Rekonquista, die Araber wieder zu vertreiben. Allerdings nicht alle: Die letzten Mauren konnten sich noch bis 1492 in Granada halten, bis zu dem Jahr also, in dem Kolumbus auf einer Insel der Bahamas landete, in dem Irrglauben, den er sein Leben lang behielt, seinen Fuß auf indischen Boden gesetzt zu haben. Diese Insel wurde bis vor einigen Jahren fälschlich für Guanahani/San Salvador/Watlings Island gehalten. Durch Computerberechnungen hat man indes herausgefunden, daß Kolumbus auf einem kleinen Eiland 24 km südöstlich von Guanahani gelandet und erst danach zu dieser Insel weitergesegelt ist.

Nach 1492 kamen immer mehr spanische Schiffe nach diesem „West-Indien", die außer beutegierigen Konquistadoren und frommen Mönchen auch viele Pferde in die Neue Welt brachten; die ersten wurden von Kolumbus bei seiner zweiten Reise mit nach Haiti gebracht. Auf den Westindischen Inseln richteten die Spanier ein Akklimations- und Pferdezuchtzentrum ein, das zum Ausgangspunkt für die spanischen Eroberungszüge nach Mexiko und Florida sowie nach Südamerika wurde. Die 16 Kriegsrösser des Hernando Cortez waren die ersten Pferde, die 1519 das Festland und damit das Land ihrer Ahnen betraten. Die Tiere lösten bei den Azteken Angst und Entsetzen aus und hatten dadurch einen wesentlichen Anteil bei der Eroberung Mexikos und der Vernichtung des Aztekenreiches. Don Juan de Palomino, ein Kampfgefährte von Cortez, wurde zum Namensgeber des Palomino, eines herrlichen Pferdes mit goldschimmerndem Fell und elfenbein- oder silberfarbener Mähne und Schweif.

Als Pizzaro 1532 in Peru einmarschierte, hatte er nicht zuletzt dank seiner Pferde den gleichen Erfolg wie vor ihm Cortez in Mexiko. Auch die Inka wurden, ebenso wie schon vor ihnen die Azteken, beim Anblick der ihnen unbekannten großen Tiere „mit zwei Köpfen und sechs Beinen", die sich nach Belieben teilen und wieder vereinigen konnten, von Panik ergriffen. Bis 1534 war auch das gesamte Inkareich erobert. Nachdem Kolumbis erstmals seinen Fuß auf den Strand einer kleinen Bahamas-Insel gesetzt hatte, dauerte es noch 100 Jahre, bis die Spanier ihre Herrschaft über das Gebiet von Mexiko gesichert hatten. Ihre Pferde leisteten dabei bedeutende Dienste. Ständig auf der Suche nach Schätzen, errichteten die Spanier in Mexiko Silberminen. Als billige Arbeitskräfte verwendeten sie Indianer, die bei der ungewohnten, anstrengenden Arbeit zu Tausenden zugrunde gingen. Da es Millionen von ihnen gab, störte das niemanden. In der Provinz von Anahuac wurde die indianische Bevölkerung binnen 40 Jahren von 25 Millionen auf 1 Million dezimiert.

Der spanische Eroberungsdrang war ungebrochen. Um weiter nach Norden vorzustoßen und neue Gebiete erobern zu können, in denen die „sieben goldenen Städte von Cibola" oder vielleicht das sagenhafte Eldorado vermutet wurden, war man ständig auf den Nachschub an Pferden aus dem Mutterland angewiesen.

Aus vielen erhalten gebliebenen spanischen Schiffspapieren jener Zeit geht hervor, daß zwischen 1519 und 1521 zahlreiche Schiffe nach „West-Indien" gesegelt sind und daß ein großer Teil dieser Karavellen ausschließlich Pferde geladen hatte. Die Segler waren wochenlang unterwegs. Infolge vieler Unwägbarkeiten, wie plötzlich auftretende Stürme, konnte es sein, daß sich die Dauer einer Ozeanüberquerung um Monate verlängerte. Manche Segler erreichten die Neue Welt überhaupt nicht, sondern zerschellten an Klippen oder sanken auf den Meeresgrund. Es war Juan de Onate nur möglich, den Zeitplan zum Beginn der Besiedlung des späteren Neu-Mexiko einzuhalten, weil eine größere Anzahl von mit Pferden beladenen Schiffen ohne Verspätung im Hafen von Vera Cruz einlief.

Die Hochfläche nördlich von Mexiko-Stadt wurde in wenigen Jahren besiedelt. In den mexikanischen Provinzen Durango und Chihuahua legten die Spanier große Haziendas an. Die im Wege stehenden Indianer wurden entweder vertrieben oder ausgerottet, der Rest wiederum zu Frondiensten auf den Haziendas gezwungen, wo es zahlreiche Pferde gab.

1539 zog Francisco Vasquez de Coronado von Sinaloa aus auf der Suche nach den sagenhaften sieben goldenen Städten von Cibola bis nach Neu-Mexiko und durch die späteren Staaten Oklahoma, Kansas und Texas. Er und seine 250 Reiter, mit der gleichen Gier nach Gold und der gleichen Verachtung für die Indios wie Coronado selbst, waren drei Jahre lang unterwegs. Im Tross führten sie eine Herde von mehr als 1 300 Ersatzpferden und Maultieren mit. Die goldenen Städte fanden sie nicht, dafür verloren die Konquistadoren aber fast die Hälfte ihrer Pferde, von denen ein Teil wohl in die Hände von Indianern gelangte, die sie zu dieser frühen Zeit aber wohl kaum zum Reiten verwendeten, sondern wohl eher als eine Abwechslung für ihren Speisezettel. Etwa zur selben Zeit durchstreifte Hernando de Soto, noch grausamer als Coronado, mit 600 Männern und 213 Pferden Florida, Georgia, Süd- und Nord-Carolina und gelangte bis an den *Namaessi-sipu,* den Mississippi. Auch er war auf der Suche nach Gold, aber genau wie Coronado fand er keins und verlor ebenso wie dieser viele seiner Pferde. Auf dem Rückweg kam de Soto zudem ums Leben, nachdem er im ungesunden Klima der Mississippi-Niederungen am Sumpffieber erkrankt war; ein Schicksal, daß er mit vielen seiner Männer teilte.

Sicher konnten auch einige von de Sotos entlaufenen Pferden von Indianern eingefangen werden, wahrscheinlich auch von Chickasaw (die aber erst später zu berühmten Pferdezüchtern wurden), aber ebenso sicher ist, daß weder Coronados noch de Sotos Pferde Grundlage indianischer Pferdezuchten werden konnten; denn die Kriegsrösser der Konquistadoren waren ausschließlich Hengste, beziehungsweise Wallache...

1594 empfing das Oberhaupt der Laguneros (Pueblo Laguna am Rio Puerco, einem Nebenfluß des Rio Grande südwestlich vom heutigen Santa Fé) hoch zu Roß einen Jesuiten, den ersten Missionar in diesem Gebiet. Als fast ein Jahrhundert später spanische Soldaten nach Matagora Bay am Golf von Mexiko gesandt wurden, um die dort von La Salle zurückgelassenen Franzosen zu vertreiben, stießen sie an der Mündung des texanischen Colorado zu ihrer großen Überraschung auf einige Pferde.

Kurz vor der Jahrhundertwende, 1598, eroberte Don Juan de Onate im Auftrag des spanischen Königs Philipp II. mit einer Anzahl Soldaten sowie Siedlern und Franziskaner-Mönchen das obere Tal des Rio Grande und gründete in der Nähe eines indianischen Dorfes am Rio Chama, das die Spanier Pueblo von San Juan de Los Caballeros - das Dorf des heiligen Johannes von den Reitern (oder Herren) - nannten, eine Niederlassung. In dem gesamten Gebiet, dem späteren Neu-Mexiko, fand de Onate keine Pferde vor; die von ihm mitgeführten Tiere waren die ersten in dieser Gegend. Etwa um 1600 entstand bei diesem neugegründeten Dorf, das von den Spaniern den Namen Santa Fe erhielt, ein weiteres großes Pferdezuchtgebiet wie schon vorher bei San Antonio am Golf von Mexiko. Auf den großen Haziendas wurden riesige Viehherden langhörniger Rinder gehalten, die später in Texas als „Longhorns" bekannt wurden. Bewacht wurden die Viehherden von zahlreichen berittenen spanischen Viehhirten, Vaqueros (spanisch vaca = Kuh) genannt.

Jeder dieser Vaqueros hatte für seine Arbeit 12 bis 15 Pferde, so daß es auch auf den Haziendas große Mengen von Pferden gab. Versorgt wurden sie von indianischen Stalljungen, denen es bei Todesstrafe verboten war, die Pferde zu reiten. Es geschah aber immer wieder, daß einer von diesen Indianern dem wachsenden Verlangen, einmal auf einem Pferd zu sitzen, nicht widerstehen konnte. Dann blieb ihm nichts anderes übrig, als zu fliehen, wobei er auch gleich das Pferd mitnahm. Bei den von den Spaniern „befriedeten" Indianern konnte er sich nicht verstecken, weil er dort früher oder später aufgestöbert worden und umgebracht worden wäre. Ihm blieb daher nichts anderes übrig, als bei den „Indios bravos", den wilden Indianern, wie die Spanier die freien Indianer nannten, Schutz zu suchen, die dem armen Pueblo-Indianer mit seinem Pferd, das bei den Eingeborenen längst seinen Schrecken verloren hatte und zu einem begehrten Tier geworden war, gern Aufnahme und Sicherheit gewährten. Der ehemalige Pferdeknecht zeigte sich dann seinerseits erkenntlich und brachte seinen Gastgebern den Umgang mit Pferden und das Reiten bei - vermutlich blieb ihm auch gar keine andere Wahl.

Im nördlichen Zentralmexiko kam es immer wieder zu kriegerischen Auseinandersetzungen zwischen Spaniern und Indianern, die nicht freiwillig in spanische Sklaverei gehen wollten. Ab etwa 1580 wurden diese Kämpfe für die Spanier zunehmend gefährlicher, da immer mehr Indianer in den Besitz von Pferden gelangten. Die Überlegenheit der Spanier sank im gleichen Maß, wie die Zahl der indianischen Reiter wuchs. Von den Haziendas und Pferdefarmen brachen häufig Pferde aus, die nicht immer wieder eingefangen werden konnten. In den Prärien fanden diese Tiere ähnlich ideale Lebensbedingungen vor wie in ihrer spanischen Heimat Salamanca und Estremadura. Das Büffelgras der Ebenen war eine ideale Nahrung für die Pferde, die bald verwilderten. Die Herden vermehrten sich rasch in der verhältnismäßig kurzen Zeit von 200 bis 300 Jahren auf mehrere Millionen. Durch natürliche Auswahl bildete sich eine neue Rasse, zäh, ausdauernd und widerstandsfähig: der Mustang. Beim Anblick der Mustangherden in Texas 1846 geriet sogar der spätere General Ulysses S. Grant ins Schwärmen:

„Ein immenser See, bestehend aus vielen Tausenden von Pferden! Soweit das Auge sehen konnte, wogte die Herde. Es war unmöglich, die Zahl der Tiere einzuschätzen."

Und ein Zeitgenosse Grants schrieb über die Mustangs:

„Das Dröhnen ihrer Hufe klang wie die Brandung des Meeres an felsiger Küste."

Das Wort „Mustang" ist vom spanischen „mesteno" abgeleitet, was soviel wie wild oder verwildert bedeutet.Der Mustang erreicht eine Größe von nur 143 bis 153 cm. Aus diesem kleinen und unscheinbaren Pferd mit dem großen, ramsnasigen Kopf und ausgeprägtem Bauch, das meistens mit kurzen Beinen versehen sowie hirschhalsig und kuhhessig ist, sind alle amerikanischen Pferderassen gezüchtet worden. Zunächst allerdings das Indianerpony.

DIE INDIANER UND DAS PFERD

Es ist nicht mit Sicherheit zu sagen, wann genau die einzelnen Stämme erstmals in den Besitz von Pferden gelangt sind; die diesbezüglichen Angaben in der Literatur vermitteln kein einheitliches Bild. Vor 1600 hatten nur wenige Stämme im Norden Mexikos Pferde, etwa seit 1600 kamen auch die Pueblo-Indianer und wohl auch die Kiowa in den Besitz von Pferden, zwischen 1620 und 1650 folgten die Apache, Nemene (Comanche), Navaho und Ute. Nach der von *Popé* geleiteten Rebellion der Pueblo-Stämme (1680-1691), breitete sich das Pferd schnell von Stamm zu Stamm aus: Zwischen 1690 und 1710 gelangten dann die Shoshone, Arikara, Kiowa, Caddo- und Sioux-Stämme in den Besitz von Pferden, um 1710 die Nee-mee-po (Nez Percé), um 1730 die Pawnee, Cayuse, Yakima, Walla-Walla, Absaroka und Kainah, die Siksika aber wohl erst 20 Jahre später, also um 1750, ebenso die Mandan, und gegen 1760 kam das Pferd zu den Iowa, Utagami (Sauk und Fox) und Sawanuck (Shawano), etwa 1770 zu den Santee und Plains-Cree.

Bei der Ausbreitung des Pferdes, die von Süden nach Norden verlief (umgekehrt wie die Verbreitung des Gewehrs), gab es offenbar drei Hauptrichtungen: Die „schnellste" war die mittlere im östlichen Randgebiet der Rocky Mountains, die nächstschnellere die östliche durch die Plains und Prärien, während die dritte westlich der Felsengebirge verlief. Die mittlere und östliche Route gabelte sich teilweise mehrfach, während der westliche Weg eher gradlinig war. Da diese Linie weit abwärts der Ebenen, ja jenseits der Felsengebirge verlief und die dort lebenden Stämme nicht zu den Reitervölkern zählen, fehlt diese Route wohl auf den meisten entsprechenden Karten.

Henri de Tonti, ein Gefährte La Salles, sah 1682 Pferde bei Indianern am unteren Missouri (bei den Caddo). 1754 konnte Anthony Hendry im Gebiet der späteren kanadischen Provinz Saskatchewan einige Wildpferde beobachten. Nur wenige Jahre später entdeckten französische Waldläufer in dieser Gegend Indianerpferde mit spanischem Brandzeichen. Die Wildpferdherden vermehrten und verbreiteten sich verhältnismäßig rasch und bevölkerten bald das gesamte Gebiet der Ebenen von Nordmexiko bis Kanada; aus klimatischen Gründen waren die Herden im Süden allerdings größer als im Norden. Für das Ende des 18. Jahrhunderts nahm Bernhard Grzimek eine Gesamtzahl von 2 - 4 Millionen Mustangs an. Meiner Meinung nach birgt diese Schätzung aber einen erheblichen Unsicherheitsfaktor wie alle derartigen Schätzungen, bei denen es um Kopfzahlen geht, seien es nun Tierpopulationen oder auch historische Indianervölker. Niemand hat die Mustangs wirklich gezählt, genauso können es tatsächlich 5 oder 10 Millionen gewesen sein, oder auch nur 1 Million.

Jeder Stamm benötigte etwa 20 bis 25 Jahre, um sich mit dem Pferd völlig vertraut zu machen. In der Anfangsphase der durch das Pferd neu entstehenden Plains- und Präriekultur war das Pferd für die Indianer lediglich ein Packtier, aber bald wurden insbesondere die jüngeren Stammesmitglieder, vor allem die Krieger, zu guten Reitern, während die Alten zu dieser Zeit nie auf ein Pferd gestiegen sind.

Durch die Übernahme des Pferdes durch die Indianer entstand um 1750 in Nordamerika die sogenannte Plains- und Präriekultur, die etwa 100 Jahre später ihren Höhepunkt erreichte und dann bis zum Ende des Jahrhunderts von den Weißen wieder zerstört wurde - wie alle anderen indianischen Kulturen

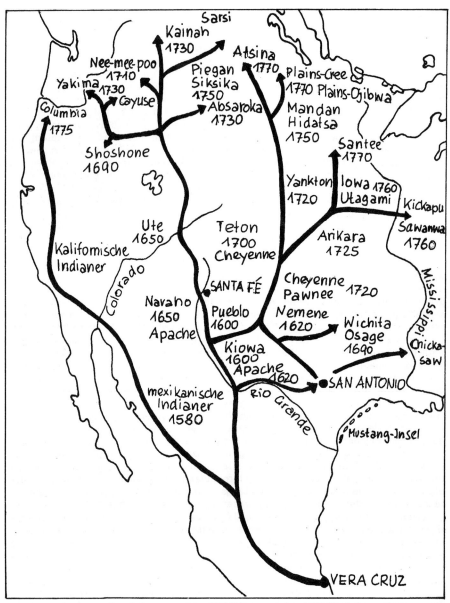

Die Ausbreitung des Pferdes in Nordamerika erfolgte in drei Hauptlinien von Süd nach Nord, umgekehrt wie die Verbreitung des Gewehrs.

Nachschleppendes „Rettungsseil", Bestandteil indianischer Reiterausrüstung.

auch. Für die Plains- und Prärienomaden wurde das Pferd zu einer großen Erleichterung in ihrem harten Lebenskampf. Die Bisonjagd war nicht mehr so mühsam und erfolgreicher als ohne Pferd. Es konnten größere Zelte gebaut werden; denn das Pferd, das den Hund als Transporttier ablöste, konnte größere Lasten tragen. Man konnte jetzt auch viel größere Strecken müheloser und in kürzerer Zeit überwinden als zu Fuß. Die Kiowa drangen auf ihren Raubzügen bis in das Grenzgebiet von Guatemala-Mexiko vor. Bis dahin seßhafte Stämme gaben den Ackerbau auf und wurden wieder zu Nomaden: Eine Umkehrung der kulturellen Entwicklung, wie sie außerhalb des amerikanischen Kontinents nicht vorgekommen ist. Obwohl die Indianer auch ohne Sattel hervorragende Reiter waren, sind sie in der Regel doch mit Sattel geritten. Außer dem Sattel haben sie von den Spaniern auch Zaumzeug, Steigbügel, Satteltasche, Peitsche und Lanze sowie das Auf- und Absitzen von der *rechten Seite* übernommen. Das war die alte maurische Tradition, die die Spanier übernommen und nach Amerika mitgebracht hatten, wo die Indianer es ihnen absahen.

Obwohl frühe Reisende vereinzelt von indianischen Reitern berichteten, die spanische Sporen trugen, sind diese Marterwerkzeuge von den Indianern in ihrer großen Mehrheit nicht verwendet worden. Vermutlich wurden die Sporen von den Indianern aus zwei Gründen abgelehnt: Sporen lassen sich an Mokassins nicht so gut befestigen wie an Stiefeln, und die Indianer sahen wohl kei-

nen Sinn darin, ihre Reittiere, von denen oft genug ihr Leben abhing, zu quälen.
    Einige Reiterstämme, insbesonders die Nemene und die Sioux, verwendeten zusätzlich eine eigene, nicht von den Spaniern abgeschaute Entwicklung: Eine Seilschlinge, die am Hals des Pferdes und am Sattel oder nur am Pferdehals befestigt wurde. Während des Kampfes glitt der Krieger aus dem Sattel, klammerte sich mit einem Bein am Pferderücken oder am Sattel fest, hängte sich mit dem Ellenbogen in die Schlinge und benutzte das Pferd als Deckung, bzw. als Sichtschutz. In dieser Stellung konnten die Indianer mit dem Gewehr und sogar mit Pfeil und Bogen unter dem Pferdehals hindurchschießen. Wenn es sein mußte, gelang ihnen dieses Kunststück sogar ohne zusätzliche Seilschlinge. Auf alten Darstellungen indianischer Reiter sieht man manchmal noch ein weiteres, mehrere Meter langes Seil, das mit einem Ende an der am Hals des Pferdes befestigten Seilschlinge festgeknotet ist und mit dem anderen Ende über den Boden nachschleift. Dieses Seil diente sowohl im Kampf als auch auf der Bisonjagd dazu, einen vom Pferd gefallenen Krieger auf dem schnellsten Wege wieder in den Sattel gelangen zu lassen. George Catlin, der sich lange unter den Stämmen der Ebenen aufhielt, hatte Gelegenheit, einen Krieger der Nemene bei seinen Reiterkunststücken zu beobachten:

„... im Vorbeireiten läßt er seinen Körper seitlich am Pferd herunterfallen und geht in dieser horizontalen Stellung den Waffen seiner Feinde sicher aus dem Weg. Mit der Ferse klammert er sich am Rücken des Pferdes fest, dadurch kann er sich wieder aufrichten und notfalls auf der anderen Seite herunterlassen. Das alles geschieht in vollem Galopp. Dabei hält er dann noch seinen Bogen, sein Schild und die fast fünf Meter lange Lanze fest und führt diese Waffen im Vorbeireiten gegen den Feind. Die Pfeile schleudert er über den Rücken des Pferdes oder genauso gekonnt unter dem Hals des Tieres hindurch..."

Hermann Zetsche, der 1887 als Grenzsoldat beim 5. Infanterieregiment in Montana diente, beobachtete bei einem Angriff von Sioux-Indianern während eines Marsches seiner Abteilung nach Fort Keogh folgendes Verhalten der angreifenden Indianer:

„Sobald die Indianer aus dem Bereich unserer Gewehre gelangt waren, machten sie halt. Ehe sie, wie vorher einzeln hintereinander reitend, das Lager im Halbkreise umschwärmten, feuerten sie erst eine neue Salve auf uns ab. Dann luden sie die Gewehre wieder und jagten, an der uns abgewendeten Seite der Pferde hängend, an uns vorüber. Dabei bildete nur der Fuß oder der Arm, mit dem sie sich an das Tier anklammerten, eine sichere Zielscheibe. Sobald ein Reiter bei dem ungestümen Ritte den Halt verlor und zur Erde fiel, ergriff er den langen, am Boden nachschleifenden Lasso und ließ sich von seinem Pferde aus der Feuerlinie ziehen. Unter dem Hals der Pferde hervorfeuernd, sprengten die Wilden mit lautem Geheul nach der anderen Seite des Lagers und warteten dort den Erfolg des Angriffes ab."

Noch einmal der berühmte Indianerchronist Catlin, der die Nemene als den Sioux überlegen einschätzte, zumindest, was das Reiten betraf:

„Die Comanche sind bei weitem die besten Reiter, die ich auf all meinen Reisen je kennengelernt habe, und ich bezweifle, daß ihnen irgendein Volk auf dieser Erde in der Reitkunst überlegen ist. Ein Comanche auf

dem Erdboden ist einfach nicht in seinem Element ... ungeschickt wie ein Affe auf dem Boden ... doch sobald er sein Pferd unter sich hat, wird sein Gesicht sogar schön, und er fliegt dahin wie ein anderes Wesen." Im Gegensatz zum Weißen Mann, zähmten die Indianer ihre Pferde, ohne ihren Willen zu brechen. Bei den Weißen ist ein Bronco-Buster ein Cowboy, der Pferde zureitet, das heißt „einbricht". Ein erfahrener Bronco-Buster benötigte etwa 15 Minuten, um die Kraft eines Pferdes zu brechen. Das Pferd wurde dann als Bronco bezeichnet. Ein Bronco ist demnach ein gezähmter Mustang, ein Pferd, dessen Wille gebrochen wurde. Ein derart gezähmtes Pferd ist weniger zu großen und ausdauernden Leistungen fähig als ein Indianerpferd, darüber hinaus sind seine natürlichen Instinkte größtenteils verkümmert. Es verwundert darum nicht, wenn der Mustang bei den Cowboys lange als bösartiges, tückisches Pferd galt, bei man man sich stets vor Bissen und Tritten hüten mußte. Diese Tiere waren nicht von Geburt an heimtückisch, sie wurden es erst durch die brutale Methode der Bändigung: Nachdem dem Pferd beim Einfangen ein Wurfseil über den Kopf geworfen worden war, wurde diese Schlinge so lange zugezogen, bis der Mustang aus Luftmangel zu Boden stürzte. Während das Tier noch nach Luft rang, wurde ihm brutal und rücksichtslos das pfundschwere Gebiß ins Maul gedrückt. Dann bestieg der Reiter das Pferd und schlug ihm seine bis zu 6 Zoll langen Sporen in die Weichen. Während sich das Tier unter diesem Schmerz aufbäumte, zog der Reiter fest am Zügel. Durch den furchtbaren Ruck wurde das Maul fast in Fetzen gerissen. Charles Sealsfield beschreibt diese Foltermethoden bei Fang und Zähmung von Mustangs durch Weiße in den Prärien von Texas und Coahuila in seinem „Kajütenbuch" folgendermaßen:

„Der Lasso ist ein zwanzig bis dreißig Fuß lange und aus fingerbreiten Rindshautschnitten gedrehter, biegsamer Riemen, von dem man ein Ende am Sattelknopf befestigt, das andere aber mit der Schlinge vom Lassojäger in der Hand gehalten wird. Sowie dieser einen Trupp wilder Pferde aufstöbert, sucht er ihm mit seinen Gefährten vor allem den Wind abzugewinnen, dann aber sich ihm möglichst zu nähern. Selten oder nie entwischen die Tiere den geübten Jägern, die, wenn sie dreißig bis zwanzig Fuß nahe gekommen, demjenigen, das sie sich zur Beute ersehen, mit unfehlbarer Hand die Schlinge über den Kopf werfen. Die Schlinge geworfen, wirft der Reiter zugleich sein Pferd herum, die dem Tier über den Kopf geworfene Schlinge schnürt diesem plötzlich die Kehle zusammen, und der im nächsten Augenblick darauf folgende äußerst heftige Riß des in entgegengesetzter Richtung fortschießenden Reiters betäubt das atemlose Pferd so gänzlich, daß es, auch nicht des mindesten Widerstandes fähig, wie ein Klotz rücklings geworfen fällt – und regungslos, beinahe leblos daliegt – nicht selten getötet oder hart beschädigt, jedenfalls mit eine Warnung, die es den Lasso sein ganzes Leben hindurch nicht vergessen läßt. Ein auf diese Weise eingefangenes Tier sieht diesen nie, ohne zusammenzuschrecken; es zittert bei seinem Anblicke in allen Gliedern, und die wildesten werden durch das bloße Umlegen schafzahm.
Ist das Tier gefangen, so wird es auf eine nicht minder brutale Weise gezähmt. Es werden ihm die Augen verbunden, das furchtbare, pfundschwere Gebiß in das Maul gelegt, und dann wird es vom Reiter – die nicht min-

der furchtbaren sechs Zoll langen Sporen an den Füßen – bestiegen und zum stärksten Galopp angetrieben. Versucht es, sich zu bäumen, so ist ein einziger, und zwar gar nicht starker Riß dieses Martergebisses hinreichend, dem Tier das Maul in Fetzen zu zerreißen, das Blut in Strömen fließen zu lassen. Ich habe mit diesem barbarischen Gebiß Zähne wie Zündhölzer brechen gesehen. Das Tier wimmert, stöhnt vor Angst und Schmerzen, und so wimmernd, stöhnend, wird es ein oder mehrere Male auf das schärfste geritten, bis es auf dem Punkt ist, zusammenzubrechen."
Nur Pferde, die diese Prozedur überstanden, wurden verwendet. Es waren gebrochene Tiere, voller Boshaftigkeit und Tücke. Sealsfield fährt fort:
„Dann erst wird ihm eine Viertelstunde Zeit zum Ausschnaufen gegeben, worauf man es wieder dieselbe Strecke zurücksprengt. Sinkt oder bricht es während des Rittes zusammen, so wird es als untauglich fortgejagt oder niedergestoßen, im entgegengesetzten Falle aber mit einem glühenden Eisen gezeichnet und dann in die Prärie entlassen. Von nun an hat das Einfangen keine besonderen Schwierigkeiten mehr, die Wildheit des Pferdes ist von der man sich unmöglich eine Vorstellung machen kann. Es sind diese Mustangs gewiß die boshaftesten, falschesten Tiere unter all den Pferderas-

Kämpfende Nemene.

sen, die es auf der Erdenrunde gibt, stets nur darauf ausgehend, ihrem Herren einen Streich zu spielen. Gleich nachdem ich das meinige übernommen, war ich nahe daran, ein teures Lehrgeld zu geben. .... es hätte mir leicht das Leben kosten können."

Diese Methode der Pferdezähmung wird heute längst nicht mehr angewendet. Angewendet wurde sie, wohlgemerkt, nicht von sogenannten wilden Indianern, sondern von Angehörigen einer „zivilisierten" Nation.

Die Indianer gingen sanfter mit ihren Pferden um, ihre Methoden bei der Zähmung der Tiere waren weniger von Gewalt und Brutalität bestimmt als von Geduld und Sanftheit. Jürgen Döring zufolge verwendeten die Indianer zum Fang von wilden Pferden nur selten Fallen in Pferchform, obwohl bei dieser Methode meist eine große Anzahl von Pferden gefangen werden konnte. Der Bau eines solchen Pferchs war allerdings langwierig und setzte eine ausreichende Anzahl geeigneter Bäume voraus, die aber in den baumarmen Ebenen nicht immer zur Verfügung standen. So wurde dann meist der Fang einzelner Tiere mit dem Wurfseil vorgezogen, eine Methode, die der kämpferischen Einstellung der Indianer offenbar mehr entsprach, als die Tiere in Fallen zu treiben. George Catlin berichtet von einem Comanchen, den er bei Fang und Zähmung eines Mustangs beobachtete:

„Will der Indianer ein wildes Pferd fangen, so besteigt er den schnellsten Renner, den er erhalten kann, schlingt sich den Lasso um den Arm und sprengt in vollem Jagen unter die Herde; hat er einem wilden Pferde die Schlinge des Lassos um den Hals geworfen, so steigt er ab und läuft so schnell er nur kann, während er den Lasso allmählich und vorsichtig durch die Hand gleiten läßt, bis das Pferd, durch den Mangel an Atem erschöpft, zu Boden fällt. Er nähert sich nun vorsichtig dem Kopfe des Pferdes, fesselt es an den Vorderfüßen, löst den Lasso, damit es wieder frei atmen kann und befestigt eine Schlinge um die untere Kinnlade des Tieres, wodurch er es in seine Gewalt bekommt und es ihm unmöglich macht, sich auf den Rücken zu werfen, denn es schlägt gewaltig um sich, sobald es wieder frei zu atmen vermag, bis es, ganz mit Schaum bedeckt, sich der Macht des Menschen unterwirft und für seine Lebensdauer dessen Sklave wird. Er legt nun vorsichtig die Hand auf die Nase und die Augen des Pferdes, bläst ihm in die Nasenlöcher und es ist gezähmt; er nimmt ihm dann die Fesseln ab und führt oder reitet es ins Lager zurück."

Catlin hat wohl nicht falsch beobachtet, aber augenscheinlich den Vorgang vom Einfangen bis zur Zähmung des Mustangs etwas verkürzt dargestellt, denn mit Sicherheit hat es längere Zeit gedauert, bis ein Tier zahm war. Zur Zähmung eines wilden Pferdes bedienten die Indianer sich außerdem der Hilfe einer zahmen, älteren Stute. Dem gefangenen Mustang wurden die Füße zusammengehobbelt, dann legte man ihm ein Halfter an, dessen Ende an den Schwanz der Stute gebunden wurde. Der Indianer ging dann eine zeitlang täglich zu dem Mustang, redete beruhigend auf das Tier ein und streichelte es sanft am Kopf. Er blies ihm seinen Atem in die Nasenlöcher. Schließlich begann der Indianer behutsam, mit beiden Händen auf den Rücken des Tieres zu drücken. Nach einiger Zeit verstärkte er dann den Druck vorsichtig etwas mehr. Dabei wurde mit großer Geduld vorgegangen, bis der Indianer nach einigen Tagen schließlich das Pferd besteigen und eine kurze Strecke reiten konnte.

Berittene Indianer beim Fang von Wildpferden.

Täglich ritt er ein längeres Stück und gab dem Tier ausreichend Zeit und Gelegenheit, sich an seinen Reiter zu gewöhnen. Nach einigen weiteren Tagen konnte dem Pferd schließlich der Sattel aufgelegt werden. Auch das geschah mit viel Geduld und Ausdauer, damit der Mustang sich daran gewöhnen konnte. Nach Ablauf einiger weiterer Tage war die Zähmung abgeschlossen, und das Tier wurde einige Wochen geritten. Danach überließ der Indianer das Pferd eine längere Zeit sich selbst, damit es sich von den Strapazen erholen konnte, die auch bei der sanften indianischen Zähmung nicht zu vermeiden waren. Reichte allerdings aus irgendwelchen Gründen die Zeit nicht aus und sollte ein Mustang schneller gezähmt werden, wurde ihm unmittelbar nach dem Einfangen Zaumzeug umgelegt, und der Indianer bestieg ihn sofort. Ein Helfer nahm dem Mustang die Fesseln ab, und das Tier versuchte sofort, durch Ausschlagen, Bocken und mit allen ihm sonst noch zur Verfügung stehenden Mitteln seinen Reiter abzuwerfen. Wenn das Pferd schließlich erschöpft zusammenbrach, hatte der Indianer gewonnen, der Mustang war gezähmt. Insoweit entsprach diese indianische Art der Zähmung der frühen Methode des weißen Mannes; allerdings benutzte der Indianer weder das zähnebrechende Gebiß, noch schlug er dem Mustang erbarmungslos Sporen in die Weichen oder riß ihm brutal den Kopf zurück.

Natürlich war diese Methode der Zähmung nicht so sanft, wie die zuerst beschriebene, darum wurden die Pferde beim Zureiten in einen Bach oder Fluß getrieben, sofern das möglich war. Durch das tiefe Wasser ermüdete das Tier schneller, womit auch der für das Pferd unangenehme Vorgang der Zähmung abgekürzt wurden, zum anderen fiel der Reiter weicher, wenn er abgeworfen wurde.

Die Tiere eines Stammes oder einer Bande hielt man auf einer Weide außerhalb des Dorfes. Nur die Lieblingspferde, zu denen auch besonders abgerichtete Kriegs- und Jagdpferde gehörten, sogenannte Bisonrenner, wurden in der Nähe des Zeltes angepflockt oder, bei den Pawnee und Mandan (evtl. auch bei einigen Sawanuck) mit in die Erdhütte genommen. Die Kinder der Plains- und Prärieindianer, Jungen wie Mädchen, wurden in ganz jungen Jahren mit den Pferden vertraut gemacht. Bereits im Alter von etwa zwei Jahren begann ihre Ausbildung zum Reiter, die beiden Jungen allerdings länger und gründlicher war als bei den Mädchen. Sobald sie sitzen konnten, hob man sie aufs Pferd und band ihnen zur Sicherheit die Füße am Sattel fest. Es dauerte nicht lange, und sie konnten das Pferd mit dem Zügel lenken. Mit fünf Jahren waren die meisten Knaben in der Lage, ohne Hilfe ein Pferd zu besteigen. Mit sieben Jahren waren sie meist schon gute Reiter, und auch Mädchen wetteiferten mit ihnen.

Besonders die Jungen wuchsen gewissermaßen mit den Pferden auf, mit denen sie täglich viele Stunden verbrachten. Zu den Übungen, die über eine lange Zeit ständig wiederholt und gesteigert wurden, gehörten das Reiten mit und ohne Sattel, Pferderennen (die auch heute noch beliebt sind), „Überfälle" auf die eigenen Pferdeherden und deren „Raub", und als schwierigste Übungen seitliches Hängen am galoppierenden Pferd einschließlich Schießübungen dabei und das Aufheben von am Boden liegenden Gegenständen. Die letzte Übung diente dazu, bei der Bisonjagd oder im Kampf vom Pferd gestürzte und verwundete oder ohnmächtige Kameraden im vollen Galopp aufs eigene Pferd zu heben. Die beiden letzten Übungen wurden am häufigsten trainiert, bis sie von den indianischen Reitern unübertrefflich beherrscht wurden; nur noch die Kosaken vollbringen ähnliche Leistungen mit dem Pferd.

Die Bisonjagd zu Pferd war gefährlich; denn ein Unfall während der Jagd war meist gleichbedeutend mit dem Tod des Jägers. Es kam vor, daß ein Pferd nicht schnell genug ausweichen konnte und von einem wütenden Bisonbullen auf die Hörner genommen wurde, der dabei dem Pferd den Bauch aufschlitzte oder es samt Reiter in die Luft warf, es konnte straucheln oder mit einem Bein in einen Präriehundbau geraten und stürzen. Selbst wenn der Reiter den Sturz ohne Schaden überstand oder sich auf den Rücken eines anderen Bisons retten konnte, war sein Schicksal meist besiegelt. Aber gerade Gefahr reizte die Indianer. Manche von ihnen verschmähten es sogar, mit Pfeil und Bogen zu jagen und nahmen statt dessen die 4 bis 5 m lange Lanze. Um einen Bison mit der Lanze zu töten, war nicht nur mehr Kraft als mit Pfeil und Bogen vonnöten, sondern der Jäger setzte sich auch einer wesentlich größeren Gefahr aus. So erforderte es der indianische Ehrenkodex, der auf einen einfachen Nenner gebracht besagte: Je größer die Gefahr, in die sich der Krieger/Jäger begab, desto größer die Ehre, die er dabei erlangen konnte. Zwar beruhte die Teilnahme an gefährlichen Unternehmungen auf Freiwilligkeit; so etwas wie Wehrpflicht oder Dienstverpflichtung gab es nicht. Aber tatsächlich gab es einen indirekten Zwang, hervorgerufen durch eben jenen

Ehrenkodex, dessen Spielregeln sich auf die Dauer niemand entziehen konnte, wenn er am sozialen Leben teilhaben und sich nicht an den gesellschaftlichen Rand oder ins Abseits drängen lassen wollte.

Sattel, Zaumzeug, und so weiter . . .

In Hollywood-Western sieht man immer wieder Indianer, die ohne Sattel reiten; manchmal liegt nur eine Decke auf dem Rücken des Pferdes. Obwohl die Indianer der großen Ebenen auch ohne Sattel und Steigbügel hervorragende Reiter waren, haben sie in der Regel jedoch nicht freiwillig auf diese Utensilien verzichtet. Eine Ausnahme sollen lediglich Angehörige zweier Stämme der nördlichen Plains gemacht haben, wie es in der Literatur nachzulesen ist: die Arapaho und die Arikara, die angeblich gern auf dem bloßen Pferderücken geritten sein sollen. Es fällt allerdings schwer, den Grund für diese scheinbare Vorliebe nachzuvollziehen, ist doch das Reiten mit Satteldecke und Reiter schonender und angenehmer, und auch für so virtuose Reiter, wie es Indianer waren, bildeten Sattel und Steigbügel mit Sicherheit Erleichterung und größere Sicherheit beim Reiten. Warum Hollywood-Filme so hartnäckig am Mythos des sattelverschmähenden indianischen Reiters festhält, ist ungeklärt; vielleicht soll damit eine gewisse Primitivität dieser Naturvölker suggeriert werden.

In der Anfangszeit nach der Übernahme des Pferdes benutzten die Indianer spanische Sättel sowie Steigbügel und Zaumzeug, sofern sie dieses zusammen mit den Pferden von den Spaniern erbeuten konnten. Bald gingen sie aber dazu über, eigene Sättel nach dem Vorbild der europäischen anzufertigen. Sie bestanden aus einem leichten Rahmen, der meist aus Holz, manchmal auch aus Horn bestand, und einem Lederbezug. Beides, Sattel und Bezug, war mehr oder weniger einfach, praktischen und zweckmäßigen Erfordernissen entsprechend. Auf dem Höhepunkt der Plains- und Präriekultur hatten die indianischen Völker dieses Raums allerdings auch Prunksättel und -zaumzeug aus eigener Produktion in Gebrauch, die sie bei Zeremonien und besonderen Feierlichkeiten verwendeten.

Die indianischen Konstruktionen waren leichter als ihre europäischen Vorbilder, die für den indianischen Geschmack ein zu hohes Gewicht hatten. Abgesehen von unterschiedlichen Gewichtsvorstellungen, war es für Indianer auch nicht immer leicht, einen europäischen Sattel zu erlangen, sei es durch Handel oder durch Raub. Die Frauensättel hatten verhältnismäßig hohe Sattelhörner, an denen während der Wanderungen Babytragen oder Gepäck hingen. Frauen standen im allgemeinen als Reiterinnen ihren Stammesbrüdern an Geschicklichkeit kaum nach. Wenn es die Notwendigkeit erforderte (etwa weil die Männer ihrer Familie aus irgendwelchen Gründen ausgefallen waren) oder, was bisweilen auch vorkam, weil sie sich in der Männerrolle wohler fühlten (etwa die unter dem Namen Woman Chief bekannt gewordene Indianerin), begleiteten sie die Jäger und Krieger ihres Volkes auf die Jagd oder den Kriegspfad. Bei solchen Gelegenheiten benutzten sie keinen Frauensattel mit hohen Hörnern, sondern wie die Männer einen für diese Zwecke besser geeigneten Kissensattel, der eine eigenständige indianische Entwicklung ist.

Die Steigbügel der Männersättel waren aus Eisen (von weißen Händlern) oder selbst angefertigt aus Holz, mit oder ohne Rohhautbezug. Ihre Form war

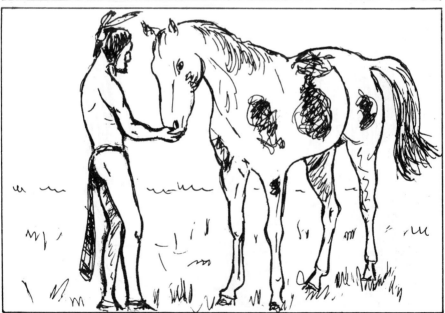
Indianische Zähmung zeichnete sich durch Sanftheit und Geduld aus.

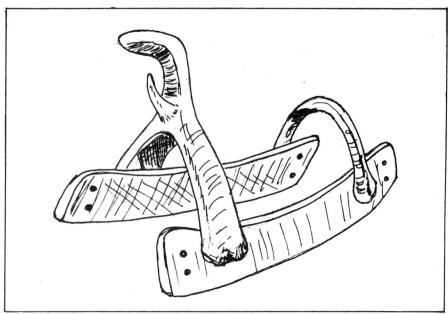
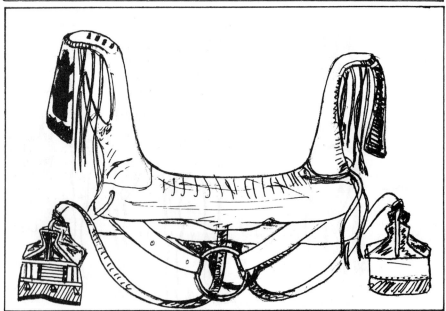

Indianischer Sattelrahmen (oben). Frauensattel mit Steigbügeln (unten).

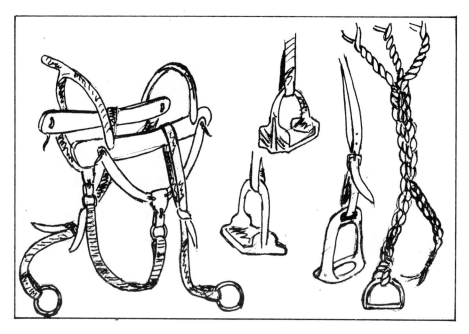

Sattelrahmen mit Gurten und verschiedene Steigbügel und -gurte.

entweder nur rund oder eckig/halbrund. Steigbügelschuhe, wie sie bei den Frauensätteln Verwendung fanden, sind von denen der Männer nicht bekannt. Zügel und Zaumzeug gab es, ähnlich wie bei den Sätteln, sowohl in einfacherer Ausführung als auch in Prunkform mit geschmackvollen Verzierungen und Schmuck.

Bei der Zähmung von Wildpferden und auf dem Kriegspfad verwendeten die Indianer nur einfache, einseitige Zügel, die aus Rohhaut, zusammengedrehtem Pferde- oder Bisonhaar oder ebensolchen Lederstreifen bestehen konnten. Zaumzeug, das den Pferden für besondere Anlässe angelegt wurde, war mit Stachelschweinstickereien und Glasperlen in vielerlei Mustern verziert, die sich sowohl von Volk zu Volk als auch zwischen den Kulturräumen, sowie individuell unterschieden. Außerdem fanden Fransen, Troddeln, Glöckchen und Metallstücke in dreieckiger oder anderen Formen Verwendung. Zaumzeug und Sattelgurte wurden selbst gefertigt oder von weißen Händlern eingehandelt, oder auch bei Überfällen erbeutet. „Weißes" Zaumzeug wurde in der Regel durch Anbringen von Verzierungen mit den genannten Materialien verändert und dem eigenen Geschmack angepaßt.

Darüber hinaus verwendeten die Indianer bei besonderen Anlässen, etwa Stammesfesten, religiösen Feiern und Zeremonien oder Vertragsabschlüssen zusätzlichen Schmuck für ihre Pferde, beispielsweise Stirnschmuck (häufig in Rosettenform), Gesichtsmasken und Brust- und Schwanzschmuck, sowie prunk-

Oben: Kissensattel zum Zähmen, Jaguarfell als Satteldecke (Schwarzfuß).
Unten: Kissensättel, rechts Prunkform mit rotem Tuch und Porcupinestacheln.

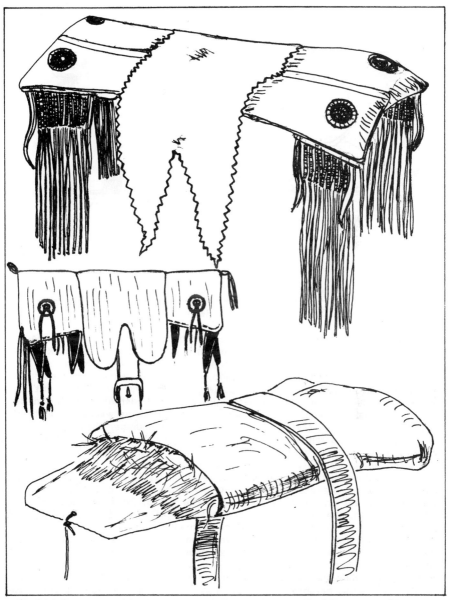

Oben: Kissensattel der Iowa oder Oto. Mitte: Zeremoniensattel (Schwarzfuß).
Unten: Einfacher Kissensattel für Kriegspfad und Raubzüge.

Links: Zügel zum Einreiten. Rechts: Normaler Zügel.

volle Satteldecken, die von Navaho-Frauen in besonders schöner Form hergestellt wurden und deshalb begehrt waren. Ihre Lieblingspferde schmückten die Absaroka mit Federhauben. Die Cheyenne dekorierten ihre Pferde mit Gesichtsmasken aus Stachelschweinborsten; diese Masken waren zweckentfremdete Überbleibsel aus der Zeit der Spanier, die sich und ihre Pferde mit Lederpanzern schützten. In der Frühzeit wurden diese Lederkoller auch von den Reitern der Plains-Apache, der Nemene und der Kiowa verwendet. Außer mit den bereits erwähnten Materialien schmückten die Indianer ihre Pferde noch mit den Federn verschiedener Greifvögel, Raben, Truthühnern und anderen Vögeln, sowie auch mit Grasbüscheln, (Heil)Pflanzen und grünen Zweigen.

Satteltaschen wurden von allen Reiterindianern verwendet. Die Formen waren bei verschiedenen Stämmen ähnlich, lediglich Größe und Art der Verzierung differierten. Dakota und Cheyenne benutzten kleinere Stücke, während die der Blackfeet erheblich größer waren. Die auf S. 28 abgebildete stammt von den Kainah. Sie zeigt die typischen Schmuckformen der Subarktis- und Waldlandindianer: Blumen- und Pflanzenelemente. Während die Völker der großen Ebenen geometrische Muster vorzogen. Die Öffnung der Tasche, die aus einem 90 cm breiten, einmal zusammengelegten Stück Leder gearbeitet ist, befindet sich auf der unverzierten Seite, die so auf den Pferderücken aufgelegt wurde, daß die beiden Enden der Tasche mit den Fransen an beiden Seiten des Pferdes herunterhingen. Oberhalb der Fransen ist jeweils ein Stück rotes Tuch aufgenäht, dessen Blumenstickerei aus den kleinen Seedbeads besteht.

Kriegszügel. Oben links und unten: einseitig. Oben rechts: zweiseitig.

Oben: Peitsche und Stirnschmuck. Unten: Verzierter Schwanzriemen, Satteltasche

Die kurzen Reitpeitschen, die mittels eines Gurts am Handgelenk getragen wurden, wurden häufig aus dem Horn eines Gabelbocks oder eines Hirsches angefertigt oder kunstvoll aus Holz geschnitzt und waren gewöhnlich mit zwei Riemen versehen. Um ihre Pferde daran zu hindern, beim Grasen und besonders nachts sich zu weit vom Lager zu entfernen, ihnen aber andererseits mehr Bewegungsfreiheit zu gewähren als es durch Anbinden mit einem Seil möglich gewesen wäre, erfanden die Indianer das Hobbeln. Mit einem Seil, das aus Leder-, Rohhautstreifen oder aus einem aus Pferde- oder Bisonhaar gedrehten Strick bestehen konnte, wurden den Pferden die Vorderläufe (manchmal auch die Hinterläufe) so gehobbelt, daß sie beim Grasen zwar kurze Sprünge machen, sich aber im Laufe einer Nacht nicht außer Sichtweite entfernen und somit zur leichten Beute von Pferdedieben oder Raubtieren wie Jaguar, Puma oder Grizzly werden konnten.

Ein etwa 100 - 120 cm langer Rohhautstreifen wurde an den Enden zusammengeknotet und der so entstandene Ring solange gegenläufig zusammengedreht, bis an beiden Enden zwei Schlaufen entstanden waren, durch die nacheinander die Vorderbeine des Pferdes gesteckt wurden. Die oberhalb der Hufe anliegenden Schlaufen können durch die natürliche gebogene Form der Pferdefüße nicht von allein abrutschen oder von den Tieren entfernt werden. Stand nur ein Strick zur Verfügung, wurde dieser ebenso zusammengeknotet und -gedreht. Eine andere Version bestand aus einem etwas kürzeren, etwa 5 cm breiten, sich den Enden zu verjüngenden Lederstreifen. Beide Enden waren jeweils mit einem Schlitz und einem Loch versehen; wenn man die Spitzen des Ledergurtes durch die Schlitze führte, entstanden wiederum zwei Schlaufen. Zwei durch die Löcher gesteckte, keilförmig zugeschnittene Holzpflöckchen sollten verhindern, daß die Schlaufen sich wieder öffneten. Dieser Hobbelgurt erscheint indes durch die Verschlußart unsicher. Der weiße Mann hat den Hob-

„Weißes" Zaumzeug der Atsina (Gros Ventre) mit indianischen Verzierungen: Gußeiserne Kandare, Porcupinestickereien, Perlen, metallene Plättchen.

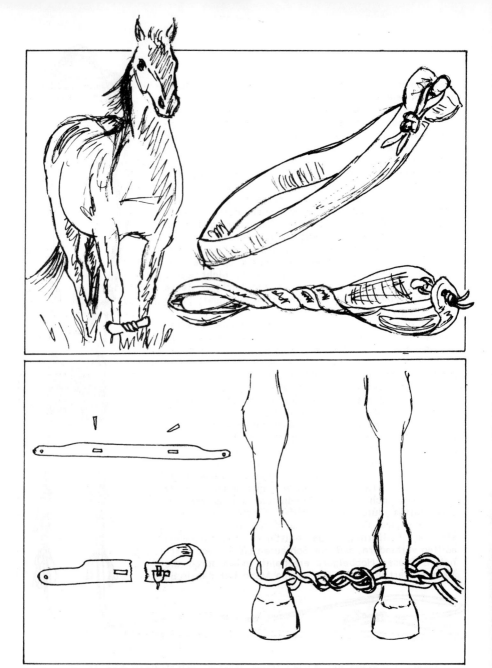

Verschiedene Hobbelgurte. Oben: Rohleder. Unten: Gedrehter Strick.

belgurt vom Indianer übernommen und verbessert, indem er den unsicheren Verschluß durch Gurtschnallen an beiden Enden ersetzte, die ein unbeabsichtigtes Öffnen ausschließen.

Neben Sätteln zum Reiten, konstruierten die Indianer auch Packsättel, deren besondere Formen es ermöglichten, mit Riemen verschnürtes Gepäck sicher zu transportieren. Wenn nicht genügend Packpferde zur Verfügung standen, verwendeten die Indianer auch einen einfachen „Packwagen" ohne Achse und Räder, der unter der (französischen) Bezeichnung „travois" bekannt geworden ist. Seine ebenso einfache wie geniale Konstruktion (der Travois war in den unwegsamen Ebenen praktischer als ein Wagen mit Rädern und wurde deshalb auch häufig von Weißen benutzt) bestand aus zwei mit Riemen aus Rohhaut an den Sattel gebundene und mit den anderen Enden nachschleifende etwa 6 m lange, gerade gewachsene junge Baumstämme, meist Tipistangen. durch einige ebenfalls mit Rohhautriemen auf den beiden Stangen befestigte Querhölzer entstand eine Gepäckablage. Eine aufwendigere Version dieses Gepäckträgers bestand aus einem kreisförmigen oder ovalen Gebilde aus gebogenen Stangen aus Weidenholz, das eine gewisse Ähnlichkeit mit den indianischen Schneeschuhen hatte, und manchmal noch aus einem korbähnlichen Aufsatz aus dem gleichen Material. Die Schleife diente auch zur Personenbeförderung für Kleinkinder, Alte und Kranke oder Verwundete. Wenn das Travois-Pferd gleichzeitig auch als Reitpferd benutzt wurde - meist von Frauen -, so war für den Reiter das Sitzen im Sattel wegen der beiden daran befestigten Stangen sicher kein Vergnügen, besonders auf langen Strecken.

Erfolgreicher Pferderäuber (Utagami): Feder mit Klapperschlangenklapper.

HÄNDLER, RÄUBER UND ZÜCHTER

Die Verbreitung des Pferdes erfolgte sowohl durch Handel als auch durch Raub. Das Stehlen von Pferden galt bei den Indianern nicht als kriminelle Handlung, sondern als Mutprobe, die bei einigen Völkern der Plains Bestandteil des Coupsystems war. Besonders die Pawnee standen in dem Ruf, hervorragende Pferdediebe zu sein. Einer ihrer Häuptlinge wurde nicht unter einem Namen seiner eigenen Sprache bekannt, sondern unter einer Bezeichnung, die ihm augenscheinlich von den größten Feinden der Pawnee, den Sioux, gegeben worden war, denn dieser Name, *Shon-ka-ki-hega*, der nach unseren Begriffen eher ein Schimpfname ist - er bedeutet nichts anderes als Pferdedieb -, stammt eindeutig aus der Sioux-Sprache. Sein Träger dürfte ihn sicher als Ehrenname angesehen haben.

Bei den Sauki-uck und Musquack-ki-uck (Sauk und Fox) trug ein erfolgreicher Pferderäuber eine Klapperschlangenrassel an der Spitze einer Adlerfeder. Eine bestimmte Pferdemedizin, die in einem an ihrem Schild befestigten kleinen Beutel verwahrt wurde, sollte den Kriegern der Assiniboin beim Pferderaub Schutz und Erfolg gewähren; eine ähnliche Pferdemedizin hatten wahrscheinlich alle Pferde-Indianer.

Wenn ein Trupp der Blackfeet auf Pferderaub ausging, bestand er in der Regel aus 4 bis 12 Kriegern, die häufig von etwa 15jährigen Burschen begleitet wurden, die einerseits als Helfer dienten, andererseits Gelegenheit hatten, erste Erfahrungen auf dem Kriegspfad zu sammeln. Manchmal begleiteten auch junge Frauen, die noch keine Kinder zu versorgen hatten, ihre Männer auf solchen Zügen. Die Krieger waren meist junge Männer um die 20, während der Anführer ein älterer erfahrener Krieger in den Dreißigern war. Der Trupp fand sich am Tag vor dem Aufbruch zusammen und löste sich nach der Rückkehr wieder auf. War das feindliche Gebiet erreicht, wurden eine oder mehrere versteckte Kriegshütten gebaut. Während einige mit Wolfsfellen verkleidete Späher einen günstigen Weg und Rückweg zu und von den Pferdeherden des Feindes erkundeten, verhielten sich die restlichen Krieger ruhig. Unmittelbar vor dem Überfall legten sie ihre Kriegsbemalung an, banden sich den Beutel mit der Pferderaubmedizin um den Hals, beteten zu ihren Schutzgeistern und sangen ihren persönlichen Kriegsgesang. Außerdem rieben sie sich mit dem Saft des Cottonwood ein, der einen den Pferden vertrauten Geruch ausströmte, so daß diese nicht durch ungewöhnliche Unruhe die Pferderäuber verrieten. Erfolg oder Mißerfolg eines solchen Unternehmens wurden der Macht der persönlichen Kriegsmedizin der Teilnehmer zugeschrieben, die er entweder im Traum von einem freundlichen Schutzgeist erhalten haben oder durch Kauf von einem berühmten alten Krieger erstehen konnte.

Pferderaub innerhalb des eigenen Stammes kam zwar auch vor, war aber die ganz seltene Ausnahme.

Viele Stämme handelten mit Pferden. Einige wurden auch als Züchter berühmt. Zum Beispiel die Chickasaw, die das nach ihnen benannte Chickasaw-Pony züchteten. Von vielen Weißen wurde es in der Frühzeit der Vereinigten Staaten als das schönste, treueste und temperamentvollste Pferd gerühmt. Diese kleine Pferderasse (das Indianer-Pony hat nichts mit der Pony-Rasse zu tun) mit einer durchschnittlichen Höhe von 130 - 135 cm hat im Vergleich zum Mustang relativ lange Beine und einen harmonischen Körperbau. Als 1830 aufgrund des Removal Acts fast alle östlichen Indianerstämme, darunter auch die Chickasaw, nach Oklahoma deportiert wurden, schien auch das Ende der Zucht des Chickasaw-Pony gekommen zu sein. 1959 wurde durch Gründung der Chickasaw-Horse Association in Love Valley, North Carolina, der Bestand dieser Pferderasse gesichert.

Chickasaw und Choctaw züchteten als erste das Quarterhorse, indem sie arabischstämmige Pferde, die sie von den Spaniern geraubt hatten, mit Pferden, die sie von englischen Siedlern erbeuteten, kreuzten. Das Quarterhorse mit hervorragenden Eigenschaften wie Zuverlässigkeit, Solidität und der Fähigkeit, innerhalb kurzer Zeit eine hohe Geschwingkeit zu erreichen (bis zu 70 km/h), wurde von den Siedlern in Viertelmeilenrennen geritten (daher der Name). Das Filmpferd von Tom Mix war ein Quarterhorse. auch bei Rodeos wird es wegen seiner Fähigkeiten verwendet. Es hat einen edlen Kopf, sehr bewegliche Nüstern, glänzende, weit geöffnete Augen, eine breite Stirn, einen mittellangen Hals, eine breite, kräftige Brust, lange, schräge Schultern, einen kurzen, muskulösen Rücken, eine mächtige Kruppe, einen etwas tief angesetzten Schweif und kräftige, harte Hufe.

Hervorragende Pferdezüchter waren auch die Nee-mee-poo (Nez Percé) in Montana. Das berühmte Pferd dieses Volkes, der Appalousa, hat seinen Namen vom Palouse-Distrikt erhalten, in dem sich das Zuchtgebiet des Stammes befand. Der Appalousa ist mit einem Stockmaß von 145 - 155 cm erheblich größer als das Chickasaw-Pony. Als der weiße Mann die Rocky Mountains überstieg und in das Gebiet der Nee-mee-poo eindrang, kam das Ende der blühenden Pferdezucht dieses Volkes. 1938 wurde in Moscow, Idaho, der Appalousa-Horse-Club gegründet. Heute gibt es wieder mehr als 175 000 Appalousas; die wenigsten davon aber dürften den Nez Percé gehören. Auch in der Bundesrepublik wird der Appalousa gezüchtet, im Steubenhof in Naurod, Taunus. Besondere Eigenschaften dieses Pferdes sind Gutmütigkeit, Ausdauer und Wendigkeit. Aufgrund seiner auffälligen Fellfärbung wird der Appalousa in 6 Haupttypen eingeteilt: „Frost" (weiße, an den Wurzeln braun und rot getönte Deckhaare), „Leopard" (verschiedene weiße Flecken), „Marble" (dunkel, mit weißen Flecken und Adern), „Snowflake" (auf dunklem Grund weiße Flocken), „Spotted blanket" (gesprenkeltes Fell), „White blanket" (graues Fell).

Die Cayuse galten im Gegensatz zu den Nee-mee-poo als besonders kriegerisch, trotzdem betätigten sie sich auch als Pferdezüchter und brachten gleichfalls eine berühmte Pferderasse hervor: das Cayuse-Pony, von dem es heute allerdings keine reinblütigen Nachkommen mehr gibt. Soldaten der US-Kavallerie bezeichneten es seinerzeit als das beste aller Indianer-Ponies; diese Auszeichnung erhielt es infolge seiner Härte, Schnelligkeit und Trittsicherheit.

Der Pinto oder Pintado, das „bemalte" Pferd, war wegen seiner besonderen Schnelligkeit und Ausdauer, aber auch wegen seiner auffälligen Färbung, bei allen Reiterindianern außerordentlich beliebt. Mit einem Stockmaß von 145 - 155 cm war er größer als andere Indianerponies. Vom Pinto gibt es drei verschiedene Typen: „Overo" (Haarfarben dunkel, Tiger, Mausgrau oder Fuchs mit aufgesetztem Weiß, der Kopf ist mindestens teilweise weiß), „Tobiano" (weiße Grundfarbe mit dunklen Flecken, Mähne und Schweif ebenfalls weiß),

"Morocco" (weiße Grundfarbe mit aufgesetzten dunkleren Tönen, weißer Stern am Kopf, die Beine gestiefelt). Besondere Eigenschaften sind Gutmütigkeit, Schnelligkeit und Ausdauer.

Auch die Scouts der US Army bevorzugten Indianerponies, meist Pintos, während die Kavallerie mit Morgans oder sogenannten Saddle Horses (auch American Saddlebred oder Kentucky Saddlebred genannt) beritten war.

CAROLINE SILVER zufolge ist die gescheckte Färbung nicht zufällig entstanden, sondern das beabsichtigte Ergebnis der Züchtung.

Eine Plainsnomaden-Familie benötigte mindestens 15 Pferde, darunter zwei bis drei Bisonrenner, um ein normales Wanderleben führen zu können. Hatte sie weniger Pferde, bedeutete das eine erhebliche ökonomische Einschränkung; ihr materieller Besitz mußte zwangsläufig kleiner sein, weil weniger Pferde auch weniger transportieren konnten, unter Umständen bedeutete das sogar ein kleines Zelt. Die Lastpferde konnten nicht oft genug gewechselt werden, wodurch auch bald ihre Leistungsfähigkeit und damit ihre Qualität sank.

Bedeutende Pferdehändler waren die Kiowa, Nemene und Shoshone, die fast alle anderen Plainsstämme mit Mustangs belieferten. Zumindest bis zum Ende des Amerikanischen Bürgerkrieges (1861-65) gab es auf den Ebenen genügend Mustangs, so daß im Grunde alle Reiterstämme die Möglichkeit hatten, sich ausreichend mit Pferden zu versehen, entweder durch Handel oder durch das Einfangen wilder Pferde. Aber aufgrund ihres Ehrenkodex, der von ihnen immer wieder Heldentaten verlangte, besorgten sie sich ihre Pferde meist durch Raub bei Nachbarstämmen. Das hatte zur Folge, daß die Anzahl der Pferde sowohl von Stamm zu Stamm als auch bei den einzelnen Stammesmitgliedern untereinander erheblich differierte. Anders ausgedrückt: Je kriegerischer ein Stamm oder ein einzelner Krieger war, desto mehr Pferde besaß er in der Regel. Andererseits konnte es natürlich auch immer wieder geschehen, daß einem Stamm oder einzelnen Kriegern eine große Anzahl von Pferden geraubt wurde, da es für junge Krieger Ruhm und Ehre bedeutete, wenn sie sich der Gefahr aussetzten, einem kriegerischen Stamm Pferde abzujagen.

Durch das Pferd, das immer Individual-, nicht Stammesbesitz war, gelangten die Völker der Plains und Prärien zu Wohlstand und Reichtum, wie sie vor der (Wieder)Einführung des Pferdes nicht bekannt waren. Zwangsläufig mußte es dabei zu Unterschieden zwischen Arm und Reich kommen, die vorher nicht so krass bestanden hatten. So war es möglich, daß einzelne Krieger von Reiterstämmen keine eigenen Pferde besaßen, was für die Betroffenen ein unhaltbarer Zustand war, den sie schleunigst ändern mußten, entweder durch Raub, Kauf oder Leihen eines Pferdes. Zur Zeit der Nordamerikareise des Prinzen Wied (1832-34) betrug bei den Mandan der Kaufpreis für ein Pferd 100 bis 150 Elchzähne. Man kann davon ausgehen, daß Elchzähne nicht die einzige Währung beim Pferdehandel waren. Da offenbar nicht jeder Krieger so vermögend war, sich im Bedarfsfall ein Pferd kaufen zu können, entwickelte sich, Jürgen Döring zufolge, bei den Cheyenne ein regelrechter Pferdeverleih, ebenso auch bei den Schwarzfuß und sicher auch bei anderen Pferdeindianern. Die Leihgebühr wurde in zwei Raten entrichtet: erstens in Form eines festen Preises bei der Übernahme des Pferdes, zweitens durch einen Teil der Jagd- und Kriegsbeute für den Verleiher. Günstigstenfalls war sein

Anteil groß, im ungünstigen Fall erhielt er nicht einmal sein Pferd zurück, wenn es nämlich den Feinden gelungen war, den Widersachern die Pferde abzunehmen, oder wenn sogar Pferde und Reiter getötet worden waren.

Nach Berichten des Prinzen zu Wied hatten die Absaroka um 1833 etwa 9 000 - 10 000 Pferde. Die Gesamtzahl ihrer Zelte betrug 400, das bedeutet, daß der Stamm etwa 3 000 Individuen zählte. 1834 besuchten Catlin und Oberst Dodge ein Lager der Nemene, in dem es über 3 000 Pferde und Maultiere gab. Die Zahl der Zelte beschreibt Catlin mit 600 - 800, die Anzahl der Bewohner ist mit „Tausenden" sehr ungenau angegeben. Wenn man Möllhausen glauben kann, besaßen einzelne Krieger der Nemene mehr als 200 Mustangs. Demgegenüber soll ein Sioux-Krieger gewöhnlich nur über etwa 50 Pferde verfügt haben. Die Angabe „Sioux-Krieger" ist allerdings zu allgemein; denn die kriegerischen Oglala-Teton hatten wohl mehr Pferde als etwa die Santee, die Osage oder die Ponca. Übertrieben ist wahrscheinlich der Bericht des Nemene „Großer Fall", der 1 500 Pferde sein eigen genannt haben soll, und erst recht die Geschichte von einem Krieger mit 3 000 Tieren. Maximilian Prinz zu Wied erwähnt sogar einen Schwarzfußhäuptling namens Sach-ke-mapöh („Das Kind"), der 4 000 - 5 000 Pferde besessen haben soll, von denen bei seinem Tode 150 geopfert worden sein sollen. Nicht nur die Zahl der Pferde, auch ein Häuptling dieses Namens wird wohl eine Erfindung der Indianer sein, die dem Prinzen dieses Märchen als Tatsachenbericht erzählten und sich insgeheim wohl über die Leichtgläubigkeit dieses „Kindes" amüsiert haben.

Das Pferd als Schutzgeist bei Kriegergesellschaften

Bei den Omaha bestand für eine relativ kurze Zeit ein Pferdebund, *cange ithaete* genannt, deren Mitgliedern im Traum oder bei einer Vision ein Pferd erschienen war, das sich ihnen als Schutzgeist anbot. Bei ihren Tänzen ahmten die Mitglieder Bewegungen und Wiehern des Pferdes nach. Sie trugen aus Pferdehaar geflochtene Halsbänder, an denen Federn befestigt waren, sowie am Gürtel einen Pferdeschweif. Ob sie ähnlich wie die Mitglieder des Grizzlybären-Bundes bei ihren Tänzen das Fell ihres Schutztieres umgehängt hatten, ist nicht gesichert.

Auch bei den Ost-Dakota gab es einen Pferdebund, der hier *cunka wakan watcipi* hieß.

Die Pawnee hatten ebenfalls einen Pferdebund, sogar in zweifacher Form. Als Schutzgeister der Mitglieder des *raris aruskutchu* genannten Kriegerbundes galten offenbar die Donnerwesen, die ihnen besondere Macht verleihen sollten, wenn sie ausschließlich gemeinsam auf den Kriegspfad zogen. Ein weiterer Pferdebund bei den Pawnee, *raris arusa*, wurde auch unter einem anderen Namen bekannt: Zweilanzen-Bund.

Das Pferd in einer Legende der Kainah

Vor langer Zeit zog eine Abteilung der Kainah (Blood) über die Plains. Während der Wanderung fiel einer jungen Frau ein Bündel von ihrem Pferd. Sie hielt an, um das Bündel wieder aufzuladen, während die Leute ihres Stammes weiterzogen und erst an ihrem neuen Lagerplatz Halt machten. Nachdem sie verschwunden waren, erschien ein gutaussehender junger Mann aus einem Gebüsch und vertrat der jungen Frau den Weg. Sie fürchtete sich und bat ihn, sie allein zu lassen; denn sie hätte bereits einen Mann. Doch der Fremde hörte nicht auf sie und zwang sie, ihm zu folgen. Am Abend kam der Ehemann der jungen Frau zurück und suchte sie, aber er fand nichts außer dem Bündel, das noch an der gleichen Stelle lag, wo es vom Pferd gefallen war. Da nahm er an, daß sie feindlichen Indianern in die Hände gefallen war und trauerte um sie.

Im folgenden Jahr zogen die Kainah über den gleichen Pfad und schlugen zufällig an derselben Stelle ihr Lager auf, wo die junge Frau verlorengegangen war. Nach einer Weile entdeckten sie eine Herde Wildpferde. Das Besondere an diesen Pferden war, daß sich offenbar ein Mensch unter ihnen befand. Die Krieger der Kainah folgten der Herde auf ihren Pferden. Es gelang ihnen, ein seltsames Wesen einzufangen. Das Wesen hatte den Körper und die Beine eines Pferdes aber den Kopf und die Brust einer Frau. Die Pferdefrau war vollständig behaart, ganz so wie ein Pferd. Das Wesen wehrte sich, kämpfte und bäumte sich wie ein Pferd. Als die Krieger es fortführten, wieherte ein Fohlen hinterher.

Im Lager endlich erkannte der junge Mann seine Frau wieder, aber sie wollte nichts mehr mit ihm zu tun haben. Sie schlug wild mit den Hufen aus wie ein richtiges Pferd, um ihre Freiheit wieder zu erlangen. Traurig erklärte der Ehemann schließlich, daß es zwecklos sei, sie noch weiter festzuhalten. Die Fesseln wurden gelöst, und kaum war die Pferdefrau frei, galoppierte sie der Pferdeherde hinterher; sie hat sich nie wieder sehen lassen, weder bei den Kainah noch bei anderen Indianern.

Der Mustang im Mittelpunkt religiöser Zeremonien und von Geschenkfesten

Beim Tode eines Kriegers der Nemene war es üblich, seinen gesamten Besitz zu zerstören. Dazu gehörte auch das Töten seiner Pferde sowie seiner Frau, bzw. Frauen. Dieser Brauch stammte noch aus der Zeit vor der Trennung von den Shoshone. Die Tötung der Witwen soll noch bis in die 20er Jahre des 19. Jahrhunderts beibehalten worden sein. Von der Tötung aller Pferde ging man indes bald wieder ab; man beschränkte sich auf die Opferung eines Tieres. In der Spätzeit der Plainskultur, als jeder Verlust eines Reittieres besonders schwer wog, begnügten sich die Stämme damit, die Schwänze der Pferde zu opfern. Bei den Nemene wurde der Brauch der Vernichtung des persönlichen Eigentums eines Verstorbenen auch dahingehend verändert, daß man dem Toten seine Kleidung, Waffen, Sattel, Zaumzeug und Nahrung mit ins Grab legte. Bei diesem Volk war die Erdbestattung üblich.

Bei den Sioux gab es die Zeremonie des Sonnenpferdes, bei der ein weißes Pferd, das mit einer stilisierten Sonne bemalt wurde, im Mittelpunkt stand.

Häufig wurden auch Pferde verschenkt. Die Anlässe dafür waren vielfältig. Ein Vater schenkte seinem Sohn ein Pferd, nachdem dieser zum erstenmal an einer Bisonjagd oder einem Kriegszug teilgenommen hatte. Dieses Geschenk war allerdings nicht das erste Pferd des jungen Indianers. Zu diesem Zeitpunkt besaß er meist schon mehrere Tiere. Wenn ein junger Tsistsistas (Cheyenne) einem Kriegerbund beitrat, schenkte sein Vater dem Anführer des Bundes ein Pferd. Ein Cheyenne-Mädchen erhielt anläßlich seiner ersten Menstruation von ihrer Familie ebenfalls ein Pferd zum Geschenk.

Pferdemedizin, die aus einem Stock bestand, auf dem ein aus Holz geschnitzter Pferdekopf aufgesetzt und an dessen anderem Ende Roßhaar in Form eines Schweifes befestigt war, sollte Schutz sowohl im Kampf als auch beim Pferderaub gewährleisten. Der Besitzer einer solchen Pferdemedizin bereitete sich auf einen Kriegs- oder Raubzug durch das Absingen des Pferdemedizingesangs vor:

"Der Mann sprach zuerst: Du siehst mein Pferd.
Es besitzt magische Kräfte."
"Das Pferd antwortete: Ich habe magische Kräfte.
Ich habe magische Kräfte."

Bei allen Indianervölkern war es üblich, daß die Wohlhabenden den Bedürftigen ihres Stammes Geschenke machten. Dazu gehörten auch Pferde. Indianischer Brauch war es ebenfalls, bei sogenannten Verschenkfesten Pferde und anderes fortzuschenken, um Ansehen zu erringen.

Das Pferd des Jägers ist mit zwei verschiedenen Zeichen bemalt.
Sie bedeuten: Kampf in Verschanzung und Feind im Nahkampf getötet.

DIE PFERDEBEMALUNG DER INDIANER

Fast alle Indianervölker Nordamerikas waren demokratisch. (Im Gegensatz zu unserer Demokratie, die auf Abstimmung beruht und bei der nicht selten die Interessen weniger bevorzugt werden, basiert das indianische Demokratieverständnis auf einem System der Übereinkunft, wobei angestrebt und in der Regel auch erreicht wird, daß den Bedürfnissen aller, zumindest der allermeisten, Rechnung getragen wird.) Dennoch wurde die indianische Gesellschaft (gemeint sind hier nicht die Kriegerbünde, sondern die Gesellschaft insgesamt) bei vielen Völkern, insbesondere aber in den Plains und Prärien, von den Männern dominiert. Die Frauen wurden allerdings keineswegs unterdrückt, wie es von vielen frühen Informanten immer wieder behauptet wurde. Aber in einem System, das den Kampf in seinen Mittelpunkt gestellt hatte und in dem die einzelnen Mitglieder ständig aufs neue um die Erringung von Ansehen bemüht sein mußten, spielten zwangsläufig die Männer die Hauptrolle.

Ansehen konnte man erringen, indem folgende Bedingungen erfüllt wurden, aber nicht einzeln oder einen Teil davon, sondern möglichst alle: Erfolge als Anführer von Kriegertrupps vorweisen, Heldentaten vollbringen, wie z. B. das Retten eines Verwundeten, große Beute beim Pferderaub, auf der Jagd und bei Überfällen machen, sowie generöses Verschenken des größten Teils dieser Beute an die Stammesangehörigen.

Es gehörte ferner dazu, daß das einzelne Stammesmitglied all diese Erfolge, die sein Ansehen erhöhten, möglichst vielen Menschen bekanntmachen mußte. Je überzeugender dies geschah, desto besser für ihn. Eine Möglichkeit dazu war das sogenannte Coup-Zählen nach Abschluß eines Kriegeszuges (und bei späteren Gelegenheiten), bei dem die Krieger meist keine Zurückhaltung übten und manchmal auch angeberische Übertreibungen nicht scheuten. Eine weitere Möglichkeit bestand in der optischen Bekanntmachung dieser Erfolge. Man bemalte sein Pferd mit Zeichen, eine Art lebende Wandzeitung, die dem „Leser" - Angehörige des eigenen Stammes wie auch befreundeter und feindlicher Völker - die eigenen Leistungen über einen längeren Zeitraum tagtäglich vor Augen führte, entweder solange die Bemalung hielt oder auch länger, wenn sie erneuert wurde. Von diesen einfachen piktographischen Zeichen - wie auch von den Zeichen für Coups, die in Form von dünnen Balken (oder Kreuzen) auf den Körper oder die Beinkleider des Kriegers gemalt wurden - sind heute nur noch wenige bekannt.

Auch bei der Pferdebemalung wurden Coup-Zeichen verwendet, kurze waagerechte Balken auf den Pferdebeinen drückten bei mehreren Stämmen der großen Ebenen, etwa bei den Sioux und den Kiowa, kriegerische Erfolge aus. Kreuze mit kleinen senkrechten Balken bedeuteten das gleiche bei den Hidatsa. Die Coupzeichen waren schwarz. Von den Absaroka, Blackfeet und Sioux wurden auch rote und weiße oberhalb der Nase ihres Pferdes aufgemalte Coupzeichen verwendet, rote und weiße Kreise, um die Augen des Pferdes gemalt, sollten die Sicherheit des Tieres auf dem Kriegspfad oder auf der Jagd stärken, Blitze sollten dem Pferd Schnelligkeit verleihen.

Die meisten anderen (bekannten) Symbole wurden in schwarzer Farbe aufgemalt. Es gab aber auch andersfarbige Zeichen, deren Bedeutung und auch Färbung bei den einzelnen Völkern recht unterschiedlich sein konnten. Ein

Links: Verteidigung des Lagers, bzw. Kampf hinter Verschanzung.
Rechts: Teilnahme an einem Gefecht mit vielen Kämpfen hinter Verschanzung.

Links: Blitzzeichen sollten dem Pferd Schnelligkeit verleihen.
Rechts: Pferdebemalung einer Kriegergesellschaft, ähnlich Coupzeichen.

Links: Pferdebemalung einer anderen Kriegergesellschaft.
Rechts: Hufe, rund oder eckig dargestellt, symbolisierten Pferderaub.

Die Zeichen auf dem Tier bedeuten: Angepflocktes Pferd im Lager abgeschnitten. Sonne = Hervorhebung einer Wunde.

Zeichen, das nicht stilisiert gemalt wurde, war dabei besonders auffällig: eine Hand. Zur Anfertigung dieses Zeichens tauchte der Krieger seine Hand, meist die Rechte, in Farbe und drückte sie an gut sichtbarer Stelle auf die Haut des Pferdes, etwa im Übergangsbereich zwischen Brust und Oberschenkel oder auf den Oberschenkel des Hinterbeines des Pferdes. (Der gleiche Handabdruck konnte aber auch im Gesicht des Kriegers quer über dem Mund auftauchen.) Die Bedeutung war vielfältig:

1. Schwarze Hand = Im Zweikampf Feind getötet (Lakota). 2. Weiße Hand = Feind getötet (Winnebago). 3. Gelbe Hand: Feind gefangengenommen (Mandan).

Erfolg beim Pferderaub wurde durch aufgemalte Hufe, sowohl in runder als auch in eckiger Form kenntlich gemacht. Ein auf einer Seite stehendes Quadrat wie auch ein vertikales Calumet wiesen - bei verschiedenen Stämmen - den Führer eines Kriegszuges aus. Ein Schamane, zu dessen Aufgaben es u. a. gehörte, den Verlauf eines Kriegszuges vorherzusagen oder auch selbst mit auf den Kriegspfad zu gehen und Verwundete zu versorgen, firmierte mit einem Zeichen auf der Flanke seines Pferdes, das Ähnlichkeit mit einem Schlüsselloch hatte.

Ein Kreis mit mehreren nach unten weisenden Linien bedeutete, daß der Verwender dieses Zeichens einen Skalp genommen hatte. Einen Kreis mit

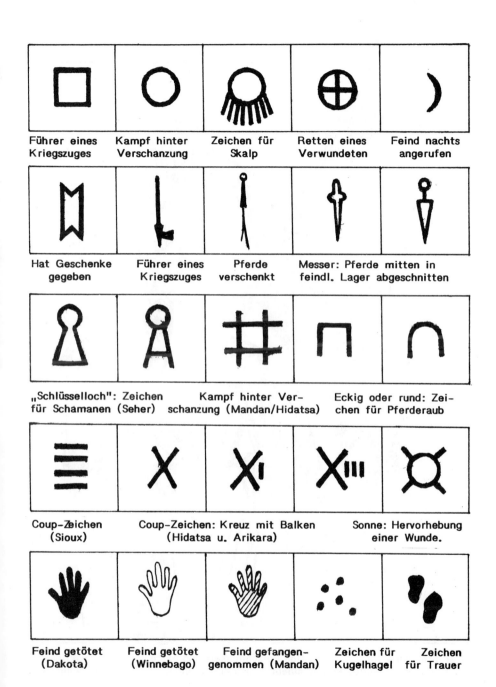

Der Schamane war eine wichtige Persönlichkeit und hatte mehrere Funktionen: Auf sein Pferd malte er ein einem Schlüsselloch ähnelndes Zeichen (Nemene).

Die Formen der einzelnen Zeichen konnten von Stamm zu Stamm etwas variieren; hier ein Schamene oder Seher, der Angehöriger eines Lakota-Volkes war.

einem Kreuz darin konnte derjenige auf sein Pferd malen, der während des Gefechtes einen verwundeten Kameraden in Sicherheit gebracht hatte.

Eine Reitpeitsche war das Symbol für das Verschenken eines Pferdes, zu dem auch immer eine Peitsche gehörte. Jemand, der außerdem noch viele andere Geschenke gemacht hatte, malte an einer auffälligen Stelle seines Pferdes zwei parallele Linien und verband sie durch zwei nach innen weisende Pfeilspitzen miteinander.

Ein in verschiedenen Formen dargestelltes Messer war wieder ein Zeichen für Pferderaub, aber in diesem Fall unter besonders schwierigen Umständen: Wer dieses Zeichen trug, war in ein feindliches Dorf geschlichen und hatte ein neben einem Tipi angepflocktes Pferd entführt, nachdem er die Halteleine des Tieres mit dem Messer durchgeschnitten hatte.

Angehörige von Kriegergesellschaften wiesen sich nicht nur durch einen Krummstab (oft fälschlich als Coup-Stock bezeichnet) und die federgeschmückte Lanze aus, sondern auch noch durch eine besondere Bemalung ihrer Pferde, beispielsweise durch waagerechte Streifen (ähnlich wie die Balken der Coup-Zeichen, nur länger) auf beiden Hinterläufen der Pferde von der Kruppe bis zum Fuß, oder eine mittels einer Bemalung des Kopfes im Bereich der Kinnbacken, des Halses, der Vorderseite der Vorderbeine einerseits und der Kruppe und der Rückseite der Hinterbeine andererseits, wobei die Farbkante nicht gerade, sondern wellenförmig verlief.

Eine Sonne, bestehend aus einem Kreis mit vier oder mehr Strahlen, wurde um eine Narbe gemalt, um die Schwere der Verwundung hervorzuheben oder um an die Bedeutung des Kampfes zu erinnern, in dem der Krieger (oder sein Pferd) diese Verwundung erlitten hatten.

Auch bei einer religiösen Zeremonie, der Zeremonie des Sonnenpferdes, wurde eine rote Sonne auf ein weißes Pferd gemalt. Nach dem Bild von W. H. D. Koerner stellt die Sonne das heilbringende Zeichen des Lebens dar.

Bei religiösen Zeremonien wurde häufig auch getanzt. Die Tänzer verkleideten sich dabei nicht selten mit den Fellen der Tiere, die sie darstellten, Bisons oder Bären und andere. An einem dieser Tänze namen auch wirkliche Tiere teil: am Pferdetanz.

Bemalung der Pferde beim Pferdetanz der Sioux

Zu den bedeutendsten religiösen Zeremonien der Sioux-Völker auf den großen Ebenen zählten neben dem Sonnentanz der Adlertanz, die Heyoka- und Yuwipi-Zeremonien und der Pferdetanz. Der letzte Pferdetanz der Sioux wurde 1931 in Whiteclay, Nebraska, einem Ort südlich von Pine Ridge, unmittelbar an der Grenze zwischen Nebraska und Süd-Dakota, abgehalten. Einer der Teilnehmer war Frank Fools Crow, Sohn von Fools Crow (eigentlich Crazy Crow, Verrückte Krähe = Kangi witko) und Zeremonialhäuptling der Oglala. In seinem Buch „Fools Crow" läßt Thomas E. Mails Frank Fools Crow darüber berichten. Zu dieser Zeit wurde der Pferdetanz in vereinfachter Form und mit weniger Teilnehmern durchgeführt als es früher der Fall war: vier Reiter mit verschiedenfarbenen Pferden, die allerdings noch nicht gezähmt sein durften. Die drei anderen Teilnehmer waren Poor Thunder, Danny Otheo und Standing Little Boy. Die Pferde waren ein Rappe, ein Schimmel, ein Rotfuchs und ein Rehbrauner. Frank Fools Crow beschrieb die Zeremonie, mit deren Hilfe die

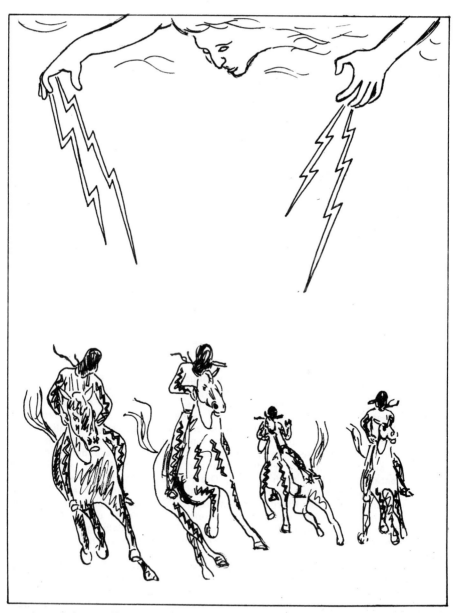

Pferdetanz der Sioux. Nach ihrem Glauben werden von den Donnerwesen, die von den Indianern als gute Geister angesehen wurden, die Blitze geschickt.

wilden Pferde gefügig gemacht und geritten werden konnten (ein für Nicht-Indianer nur schwer nachzuvollziehender Vorgang):

„A fire was built next to the corral, and Poor Thunder made a medicine by taking some red-hot ashes and mixing them with the smoke. The horses had never been ridden and at first were frightened and unruly, stomping and rearing. But when Poor Thunder took his medicine over the corral and let the wind blow it through the rails and across the horses they calmed down in moments and were no longer wild."

Die Reiter waren nur mit einem Lendenschurz bekleidet und trugen ein um den Kopf gebundenes, das ganze Gesicht bedeckende Bandanna-Tuch, allerdings war es durchsichtig. Ein vor dem Mund in das Tuch geschnittenes Loch ermöglichte es den Reitern, eine Adlerknochenpfeife zu benutzen.

Nachdem Helfer das Gattertor geöffnet hatten, gingen die vier Reiter zu den Pferden hinein und saßen auf, ohne daß die Pferde versuchten, sie abzuwerfen. Als sie aus dem Pferch ritten, begannen die (nicht näher beschriebenen) Sänger mit ihrem Gesang „Die Reiter und die Pferdetänzer kommen, sie kommen tanzend daher, sie kommen tanzend daher." Und die Pferde bewegten sich tänzelnd fort. Die Reiter ritten nebeneinander, links das schwarze Pferd, daneben das rehbraune, dann der Rotfuchs und rechts außen der Schimmel (aus Sicht der Reiter).

Es war ein sonniger Tag. Trotzdem stand eine große, dunkle Gewitterwolke am Himmel. Die Pferde waren bis auf ein beinahe ununterbrochenes Schnauben und Wiehern ruhig. Dann formierten sich die Reiter in Zweiergruppen hintereinander. Das vordere Paar fing an laut zu singen und zu beten, währenddessen die beiden nachfolgenden Reiter ihren Adlerknochenpfeifen so laute Töne wie möglich entlockten; denn das Gewitter war inzwischen über dem Tanzplatz angelangt. Es stürmte, blitzte und donnerte, was aber die Pferde nicht im geringsten beeindruckte.

Poor Thunder und Frank Fools Crow begannen ihren Gesang und ihr Gebet von neuem. Die Wolken teilten sich. Über dem Tanzplatz öffnete sich eine breite Straße am Himmel, durch die die Sonne schien. Frank Fools Crow führte dieses Ereignis auf die Kraft der Gebete zurück. Während Trommeln dumpf ertönten und die Sänger wieder ihren Gesang anstimmten, bliesen die vier Reiter wieder auf ihren Adlerknochenpfeifen, wendeten ihre tänzelnden Pferde, ritten eine Strecke nach Osten und hielten ihre Tiere dann an. Dann wandten sie sich um und wiederholten den Ritt nach Süden, anschließend nach Westen, schließlich nach Norden. Die Pferde bogen ihre Hälse und reckten ihre Schweife steil empor. Frank Fools Crow zufolge war aus dem ursprünglichen Tänzeln der Pferde ein regelrechtes Tanzen geworden. Nach ihrem letzten Halt im Norden, wendeten die Reiter ihre Pferde und ritten zurück in die Umzäunung, stiegen ab und rieben die Tiere mit Salbeigras ab.

In den alten Tagen der Indianer nahmen am Pferdetanz viermal soviele Reiter und Pferde teil, jeweils vier Pferde von gleicher Farbe, sowie ein weiterer Reiter, so beschreibt es Schwarzer Hirsch, der große Schamane der Oglala. Reiter und Pferde wurden vor dem Tanz besonders bemalt. Die Bemalung begann mit einem gemeinsamen Lied aller Teilnehmer:

„Vater, male mir die Erde an!
Vater, male mir die Erde an!

Ein Volk will ich übergeben.
Ein zweibeiniges Volk will ich heilig machen.
Vater, male mir die Erde an!"
Dann wurden die vier Reiter der Rappen völlig schwarz angemalt, ihre Arme und Beine erhielten gezackte, blaue Blitze und auf die Hüften weiße Tupfen, die Hagelkörner darstellten. Auf die Beine der schwarzen Pferde wurden ebenfalls blaue Blitzstreifen gemalt. Entsprechend der Farbe ihrer Pferde wurden die Schimmelreiter weiß angemalt. Ihre Arme und Beine wurden mit roten Blitzzeichen versehen, ebenso die Beine der Pferde. Auf den Köpfen der Reiter wurden Büschel von weißem Pferdehaar befestigt. Die Rotfuchsreiter wurden von Kopf bis Fuß mit roter Farbe angemalt, Brust, Arme und Beine erhielten schwarze Blitzlinien, ebenso Beine und Brust ihrer Pferde. Die Reiter der Rehbraunen wurden gelb bemalt und mit schwarzen Blitzen versehen. Die Beine ihrer Pferde wurden von den Knien abwärts schwarz angestrichen. Oberteil der Beine und Brust erhielten schwarze Blitze. Die Farben der Pferde haben ihre Entsprechung in den Farben, die von den Sioux den vier Himmelsrichtungen zugeordnet werden: Westen = schwarz, Norden = weiß, Osten = rot(fuchs), Süden = (reh)braun (oder gelb).

Der Rücken des Pferdes des Schwarzen Hirsch, der als siebzehnter Reiter teilnahm, war außerdem mit einem *wambli gleska*, einem gefleckten Adler mit ausgebreiteten Schwingen bemalt. Der Schwarze Hirsch war vollständig mit roter Farbe bemalt. Auf seinen Beinen und Armen verliefen die gezackten Linien schwarzer Blitze. Er trug eine Adlerfeder im Haar, deren Spitze ihm über die Stirn hing. Außerdem spricht Schwarzer Hirsch von einer schwarzen Maske, die er trug. Da er aber auf ihr Aussehen nicht näher eingeht, bleibt es ungewiß, ob seine Maske mit den von Frank Fools Crow beschriebenen Bandanna-Tüchern identisch ist. Dieser Pferdetanz fand um 1880 statt. Der Schwarze Hirsch hat seinem Biographen, John Neihardt, wohl kurz vor seinem Tod, 1950, davon erzählt, also etwa 70 Jahre später im Alter von fast 87 Jahren. Daher ist es nicht verwunderlich, daß er sich nicht mehr an alle Einzelheiten erinnert hat. Zur Zeit dieses Pferdetanzes hatte er offenbar die Funktion eines Zeremonial-Häuptlings inne.

Vier junge Mädchen und sechs alte Männer nahmen ebenfalls am Pferdetanz teil. Die Mädchen trugen einen ins Haar geflochtenen Zweig süßen Salbeis (einer den Oglala heiligen Pflanze), an dem eine Adlerfeder befestigt war. Ihre Gesichter waren scharlachrot bemalt. Sie trugen ebenfalls scharlachrot gefärbte Kleider, wahrscheinlich aus Rehleder (der Schwarze Hirsch spricht hier nur von Wildleder). Die vier jungen Mädchen werden von ihm als heilige Jungfrauen bezeichnet.

Die sechs alten Männer, die Großväter, waren Weise, die in Verbindung mit *wakan tanka*, dem Großen Geheimnis, standen. Großväter und Großmütter genießen nicht nur bei den Sioux, sondern bei allen Indianern eine besondere Verehrung. Im heiligen Tipi begannen die sechs Großväter mit den letzten Vorbereitungen für den Pferdetanz: Auf dem Boden zogen sie mit einem Stock einen Kreis, den sie in Viertel teilten, indem sie mit rotem Sand eine Linie von Norden nach Süden und mit schwarzem Sand eine weitere von Ost nach West zogen. An der Westseite des Kreises stellten sie eine Schale mit Wasser auf und legten darauf einen kleinen Bogen und einen Pfeil. An seinem östli-

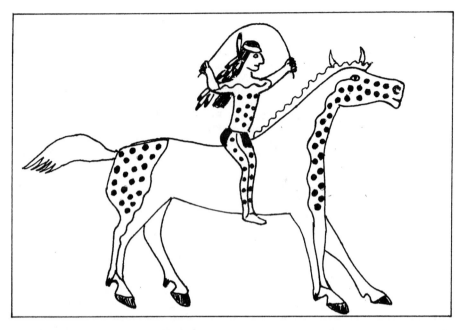

Bemalung von Pferd und Reiter: Pferdetanz der Sioux (nach Stehender Bär).

lichen Rand markierten sie mit gelber Erde den Morgenstern. Auf das Zeichen eines der Großväter stellten sich die vier Mädchen an den vier Punkten der Himmelsrichtungen am Kreisrand auf. Als das geschehen war, nahmen die Mädchen von den Großvätern verschiedene Gegenstände entgegen: das Nord-Mädchen ein Heilkraut und einen weißen Gänseflügel, der den heilenden Wind symbolisierte, das Mädchen im Osten die heilige Pfeife, das im Süden einen blühenden Zweig (es wird nicht gesagt, um was für einen Zweig es sich handelte), und das West-Mädchen schließlich erhielt etwas, was von Schwarzer Hirsch „Reifen des Volkes" genannt wird. All diese Gegenstände zusammen symbolisieren das Leben des Volkes (der Oglala).

Als die Übergabe der Gegenstände erfolgt war, begannen die Großväter einen Gesang, indem sie nacheinander die vier mal vier Reiter ankündigten. Zuerst sangen sie über die Reiter mit den Rappen, die sich langsam bereit machten:

„Sie werden erscheinen – magst du sie sehen!
Sie werden erscheinen – magst du sie sehen!
Ein Pferdevolk erscheint.
Ein Donnerwesen-Volk erscheint.
Sie werden erscheinen, schau!
Sie werden erscheinen, schau!"

Nachdem der Gesang der Großväter verstummt war, bestiegen die schwar-

zen Reiter ihre Pferde, ritten ein Stück nach Westen und hielten ihre Tiere dann an. Alsdann setzte der Gesang der Großväter wieder ein:
„*Sie werden erscheinen – magst du sie sehen!*
Ein Pferdevolk wird erscheinen, schau!
Ein Gänsevolk wird erscheinen, schau!"
Darauf bestiegen die weißen Reiter ihre Schimmel und stellten sich ebenfalls nebeneinander auf, mit Blickrichtung auf den Ort, wo der Riese wohnt (Norden). Die Großväter sangen weiter:
„*Wo die Sonne dauernd scheint, werden sie kommen!*
Ein Bisonvolk wird erscheinen, schau!
Ein Pferdevolk wird erscheinen, mögest du schauen!"
Jetzt saßen die roten Reiter auf und postierten sich so, daß sie nach Sonnenaufgang blickten. Die Großväter begannen von neuem ihren Gesang:
„*Dort, wo ihr hinblickt, wird ein Hirschvolk erscheinen!*
Möget ihr schauen!
Ein Pferdevolk wird erscheinen, schaut!"
Die vier gelben Reiter stiegen auf ihre Pferde und lenkten sie so, daß sie mit Blickrichtung gegen Mittag (Süden) zum Stehen kamen. Bevor nun der Schwarze Hirsch das heilige Tipi verließ, sang er ein Lied, wobei ihn die Großväter mit ihren Trommeln begleiteten:
„*Er wird erscheinen, magst du ihn schauen!*
Ein Adler wird für das Adlervolk erscheinen,
mögest du ihn schauen!"
Nachdem der Schwarze Hirsch sein Lied beendet hatte, traten die vier Mädchen aus dem Zelt, gefolgt vom Schwarzen Hirsch, der sein Pferd bestieg und sich hinter den heiligen Mädchen aufstellte; ihr Blick ging nach Westen, dem Wohnsitz der Donnerwesen. In der Hand hielt der Schwarze Hirsch einen rotbemalten Stab, das Symbol des heiligen Bogens, der Macht der Donnerwesen.
Nach einer Weile traten auch die sechs Großväter aus dem Zelt und stellten sich hinter dem Pferd des Schwarzen Hirsch in einer Reihe auf. Zum Klang ihrer Handtrommeln sangen sie ein Lied, dessen Text den vorangegangenen Liedern ähnelte, das aber im Gegensatz zu diesen einen viel lebhafteren Rhythmus hatte:
„*Sie tanzen,*
sie kommen, um dich zu sehen.
Das Pferdevolk des Westens tanzt!
Sie kommen, um zu schauen!"
Als das Lied der Großväter beendet war, lenkten die Reiter des Westens ihre Pferde hinter die alten Männer und nahmen dort Aufstellung. Danach sangen die Großväter das Lied von den Reitern des Nordens, die dann ebenfalls hinter den alten Männern neben den Reitern des Westens auftraten. Anschließend folgten in gleicher Weise die Reiter des Ostens und schließlich die des Südens. Alle Pferde tänzelten und bäumten sich auf, so stark wirkte der Gesang der Großväter auf sie, und sie hörten auch nicht auf damit, als alle Reiter hinter den Großvätern in einer Reihe standen.
Mittlerweile war eine dunkle Wolke im Westen aufgezogen. Für einen Moment war alles ruhig. Die Menschen schwiegen, die Pferde standen still, nur

ein schwaches Donnern war zu hören. Da streckte der Schwarze Hirsch seine rechte Hand zu den Wolken empor und rief viermal die Donnerwesen an:
„*Hey-a-a-hey! Hey-a-a-hey! Hey-a-a-hey! Hey-a-a-hey!*"
Danach sangen die Großväter ein neues Lied:
„*In der Mitte der Erde, schau einen Vierbeiner!
Dies haben sie mir gezeigt!*"

Während des Gesangs spitzte der Rehbraune des Schwarzen Hirsch die Ohren, hob den Schweif und wieherte laut und anhaltend in Richtung Sonnenuntergang, worauf alle anderen Pferde in das Wiehern einfielen, ebenso die anderen Pferde des Dorfes. Dann kam ein Sturm auf. Es hagelte und regnete stark. Die sechs Großväter schlugen wieder ihre Handtrommeln, und die Reiter der schwarzen Pferde begannen zu singen:
„*Ich selber brachte sie dazu, sich zu fürchten,
ich selbst, ich trug ein Adler-Symbol.
Ich selber brachte sie dazu, sich zu fürchten,
ich selbst, eine Blitzmacht trug ich.
Ich selber brachte sie dazu, sich zu fürchten,
brachte sie dazu, sich zu fürchten.
Des Hagels Macht trug ich.
Brachte sie dazu, sich zu fürchten.
Seht mich an!*"

Die Donnerwesen lenkten Hagel und Regen vom Tanzplatz weg, so daß die Teilnehmer des Pferdetanzes und die Zuschauer nur etwas Regen abkriegten. Nachdem die schwarzen Reiter ihr Lied beendet hatten, streckten die vier heiligen Jungfrauen ihre Hände mit den heiligen Gegenständen in die Höhe: das Heilkraut und die weiße Schwinge, die heilige Pfeife, den blühenden Zweig und den Reifen des Volkes. Sie boten sie den Donnerwesen dar. Und wieder begannen die sechs Großväter zu trommeln. Die Reiter formierten sich abermals in Vierergruppen hintereinander. Dann ritten die schwarzen Reiter an die Westseite des Dorfes, verhielten dort kurz, kehrten dann wieder zurück und stellten sich hinter der letzten Reitergruppe auf. Nacheinander ritten die Reitergruppen an die Seite des Dorfes, deren Himmelsrichtung sie symbolisierten und kehrten wieder zurück, um sich hinter der jeweils letzten Gruppe aufzustellen. Während der ganzen Zeit tänzelten die Pferde oder bäumten sich auf. Danach ritten alle 16 Reiter hintereinander zur Westseite des Dorfes, geführt von der schwarzen Gruppe, die ausscherte und dort stehenblieb. Der Zug ritt weiter nach Norden, diesmal angeführt von den weißen Pferden, die dann ebenfalls von den Reitern in ihrem „Weltteil" angehalten wurden. Dann wandte sich die restliche Reitergruppe nach Osten, diesmal geführt von den Rotfuchs-Reitern, die, an ihrem Platz angekommen, ihre Pferde zügelten. Die Übriggebliebenen vier Rehbraunen wurden von ihren Reitern nach Süden gelenkt. Während des Kreisrittes sangen alle Reiter:
„*Ein Pferdevolk auf der ganzen Welt,
sie kommen wiehernd,
sie kommen sich aufbäumend!
Mögest du sie sehen!*"

Insgesamt viermal führten die Pferdetänzer den Kreisritt durch. Beim zweitenmal schlossen sich ihnen viele Reiter des Dorfes an, alle Reiter und

Zuschauer sangen gemeinsam mit den Pferdetänzern. Als die Rehbraunen und mit ihnen der Schwarze Hirsch, dessen Pferd sich den anderen angeschlossen hatte, den Süden erreicht hatten, begannen die Großväter wieder ein neues Lied, in dem sie die Macht des Wachstums besangen. Das Pferd des Schwarzen Hirsch wandte seinen Kopf den alten Männern zu und ließ wieder ein kraftvolles Wiehern erschallen, worauf dann abermals alle anderen Pferde ebenfalls wieherten.

Dann betete der Schwarze Hirsch zum Großvater (wohl zu Wakan Tanka). Nachdem die letzte Runde geritten war, stellten sich alle Teilnehmer des Pferdetanzes an der Westseite auf und blickten auf das heilige Tipi, in der ersten Reihe die vier heiligen Jungfrauen, dann der Schwarze Hirsch mit seinem Pferd und dahinter die sechs Großväter in einer Reihe. Links und rechts neben den alten Männern postierten sich je acht der Reiter, Rappen und Schimmel zu ihrer Linken, Rotfüchse und Rehbraune auf ihrer rechten Seite. Nachdem alle ihre Positionen eingenommen hatten, rief der älteste der alten Männer aus (er welcher der Geist des Himmels war):

„Alles Volk soll bereit sein! Er wird viermal eine Stimme schicken, und beim viertenmal werdet ihr vorrücken und das heilige Tipi berühren, und wer es als erster trifft, wird neue Kraft gewinnen!" (Der Kriegsbrauch der Plainsindianer, das Coupschlagen, wird hier symbolisch mit dem Pferdetanz verbunden, in der Absicht, Macht auf die Teilnehmer zu übertragen.) Danach hob der Schwarze Hirsch seine rechte Hand und rief viermal „hey-hey" aus, worauf alle Reiter mit dem Ruf „hoka-hey" auf das heilige Tipi losstürmten. Nachdem sie es erreicht hatten, führte jeder Reiter einen Coup aus, einschließlich des Schwarzen Hirsch, dessen Pferd sich den davonstürmenden Pferden angeschlossen hatte.

Danach wurden alle Pferde mit Salbei abgerieben und weggeführt. Währenddessen hatten die sechs Großväter im Innern des Tipis den Ring des Volkes (den Kreis) und die rote und die schwarze Linie mit frischer Erde bestreut. Als darauf die Teilnehmer des Pferdetanzes das Zelt betraten, sahen sie, daß der Boden außerhalb des Kreises zahlreiche kleine Pony-Hufe zeigte, ganz so, als ob im Tipi Geisterpferde getanzt hätten, während sie draußen den Pferdetanz durchgeführt hatten.

Der Schwarze Weg, ein Helfer des Schwarzen Hirsch, füllte die heilige Pfeife mit Kinnickinnik, zündete sie an und bot sie den Mächten der Welt dar, indem er sie mit folgenden Worten anrief:

„Großväter, ihr dort, wo die Sonne niedergeht, ihr und der heilige Wind, wo der Weiße Riese wohnt, ihr, wo der Tag heraufkommt und der Morgenstern, ihr, wo die Gewalt des Wachstums wohnt, ihr vom Himmel und ihr von der Erde, Vögel der Luft und Vierbeiner der Erde, sehr her! Ich, ich selbst mit meinem Pferdevolk habe vollbracht, was ich auf Erden zu tun gehabt. Euch allen biete ich diese Pfeife dar, auf das mein Volk lebe!"

Dann nahm er einige Züge und gab die Pfeife nach rechts zu den Großvätern weiter. Als alle sechs geraucht hatten, gaben sie die Pfeife an den Schwarzen Hirsch und dieser dann an die Teilnehmer des Pferdetanzes. Danach machte die Pfeife unter allen Dorfbewohnern die Runde.

WIE DER BISONHUND ZU SEINEM NAMEN KAM

Als die ersten Indianer im Norden Mexikos und im Südwesten der heutigen Vereinigten Staaten in den Besitz von Pferden gelangten, übernahmen sie auch das spanische Wort für Pferd: CABALLO. Nach Marcy und Gatschet war das Nemene-Wort für Pferd POOKE, bzw. PUKE. Wallace und Hoebel schreiben, daß die Comanche dem Pferd niemals übernatürliche Kräfte beimaßen. Einer anderen Quelle zufolge bedeutet die wörtliche Übersetzung des Begriffes, den die Nemene für das Pferd verwendeten, „Gotthund", was allerdings im Widerspruch zur Aussage von Wallace und Hoebel steht. Die T'Inde (Apache) nannten das Pferd „Bisonhund".

SHO-ATINGA und THONGATCH-SHONGA sind Wörter aus Sioux-Dialekten, die beide „großer Hund" bedeuten, während die Lakota, eine Abteilung des großen Volkes der Sioux, das Pferd SHUNKA WAKAN, „Medizinhund", nannten. Nach dem Prinzen zu Wied ist der Ausdruck der Numangkake (Mandan) UMPA-MENISSÄ (den Maulesel - Kreuzung aus Pferdehengst und Eselstute - und offenbar auch das Maultier nannten sie SCHUMPSI-MANISSEH), für die Cheyenne führt er als Namen des Pferdes WOINDOHAMM an, auch WO IN DO HAMM geschrieben, während George B. Grinnel MO I NA AM angibt, die beiden unterschiedlichen Formen entstammen entweder verschiedenen Dialekten, beruhen auf unterschiedlichen Schreibweisen oder auf einem Hörfehler der beiden Forscher. Die Bedeutung ist wohl in beiden Fällen „domestizierter Wapiti". Das Maultier (Kreuzung aus Eselhengst und Pferdestute), heißt nach Wied bei den Cheyenne AKEHM.

Clark Wissler erwähnt den Namen „Mysteriöser Hund" bei einem nicht näher bezeichneten Stamm: möglicherweise ist das nur eine andere Übersetzung des Lakota-Ausdrucks. Das Wort der Siksika (Blackfeet) für Pferd ist PONOKAMITA, „Elchhund", während sie ursprünglich die Bezeichnung „Großer Hund" verwendeten. Die Schreibweise des Prinzen zu Wied weicht hiervon etwas ab: PURNAKOMITÄ, (für den Hund führt er EMITA an und für den Elch PURNOKÄHSTOMIK) auch in diesem Fall muß offen bleiben, ob es sich um einen Hörfehler oder um eine andere Dialektform handelt.

Nach dem Prinzen zu Wied haben die Atsina (Minitari oder Gros Ventre) das Pferd EISOH-WASCHUKKA genannt, den Hund MASCHUKKA, und das Maultier ACHPICHTIA. Den Pferdenamen der Musquacki-uck gibt Prinz zu Wied mit NAKOTO-KASCHA an, während er für die gleiche Sprache den Hund HONEMUA und den Elch MASCHAUAWE nennt.

Die Assiniboin, die zur Sprachgruppe der Sioux gehören, benutzen den Namen „SHON-ATANGA", wie bei den anderen Sioux-Sprachen von SHONKA = Hund abgeleitet. Die Sawanuck (Shawano) ließen die Bezeichnung Hund weg und sagten einfach MISHAWA: Elch. Der Hund ist auch Bestandteil der Bezeichnung für das Pferd bei den Tsat-tine (Biber-Indianern), Biloxi, Neemee-poo, Hidatsa, Kiowa, Ofo, Omaha und Oto. Die Cree nennen den Mustang MISTATIM, „großer Hund" (die Schreibweise des Prinzen zu Wied ist MESATIMM). In der Sarsi-Sprache wird deutlich, wieviel mehr Last ein Pferd als ein Hund transportieren kann, nämlich siebenmal so viel, denn CHISTLI bedeutet soviel wie „sieben Hunde".

Nach dem Prinzen zu Wied bezeichneten die Omaha, die zu den Sioux ge-

„Pferd eines anderen", einer der Kriegshemdträger der Oglala, der unter seinem amerikanischen Namen „American Horse" bekannt geworden ist.

Tashunka-kokopapi, berühmter Oglala, dessen Name „Sogar seine Pferde sind gefürchtet" bedeutet, nicht „Mann, der sich vor seinen Pferden fürchtet".

hören, das Pferd SCHONGÄ-TONGA, und die Wasaji (Osage), ebenfalls Sioux-Sprecher, sollen KAWA gesagt haben. Für die Pawnee nennt er ARUHSCH. Der Pferdename der Arikara ist nach der gleichen Quelle CHAWARUCHTÄ, der des Maultiers CHAWAKADU, während die Shoshone das Pferd PUNKO, nannten, ein schnelllaufendes und ausdauerndes Tier aber PUNKO-EMAH-HI-MIA.

Offensichtlich verglichen viele indianische Völker Hund und Pferd miteinander und verwendeten dann bei dem neuzuschaffenden Begriff für das Pferd folgerichtig auch die Bezeichnung für den Hund. Eine Ausnahme stellen anscheinend die Ojibwa dar; denn ihre Sprache kennt offenbar als einzige Indianersprache Nordamerikas den Begriff „Pferd" als Eigennamen ohne Umschreibung: OGASHY. Prinz zu Wied gibt bei den „Oschippewas" allerdings hiervon abweichend die Form PÄBÄJIKO-CAJI an.

Das Pferd als Bestandteil des indianischen Personennamens

Viele berühmte indianische Persönlichkeiten wurden nach dem Pferd benannt. Der bedeutendste von ihnen war wohl TASHUNKA WITKO, „Wildes Pferd", ein Kriegshäuptling der Oglala-Teton. Von den Amerikanern wurde sein Name in „Crazy Horse" = Verrücktes Pferd verunglimpft. Ab und zu taucht das „einzige existierende Foto" von ihm auf. Tatsächlich hat er es aber wohl wirklich allen Fotografen konsequent verweigert, sich „seinen Schatten stehlen zu lassen", wie es die Indianer nannten.

Ein anderer bekannter und bedeutender Führer der Oglala war *Pferd eines anderen*, der allerdings unter dem Namen, den die Amerikaner ihm gegeben hatten, bekannt geworden ist: American Horse. Das Pferd, das zu seinem Lieblingspferd und darum auch zum Anlaß für seinen Namen geworden war, hatte er einem amerikanischen Kavalleristen abgenommen. *Tashunka-kokipapi*, „Sogar sein Pferd ist gefürchtet" oder „Sie fürchten sein Pferd" war ein weiterer berühmter Namensträger des Mustangs und ebenfalls ein Oglala-Häuptling. Die amerikanische Version „Man-afraid-of-his-Horse" = „Mann, der sich vor seinem Pferd fürchtet" ist ebenfalls eine verächtliche Verdrehung des tatsächlichen Namens. Es gab zwei Träger dieses Namens, Vater und Sohn.

Tashunka-maza, „Eisernes Pferd", ist der weniger bekannte Name eines Hunkpapa-Teton mit einem berühmten Bruder. Der Bruder war der gefürchtete Kriegshäuptling *Ite-o-magayu*, „Regengesicht". Das stilisierte Konterfei auf einem amerikanischen 5-Cents-Stück stellt indes den weniger kriegerischen und deshalb auch weniger gefürchteten TASHUNKA-MAZA dar - vielleicht gerade deshalb, weil ihm die Eigenschaften seines Bruders fehlten. Einer der beiden anderen Indianer, deren Portrait eine Kleinmünze der USA schmücken, war der Oglala *Sinte-maza*, „Eisenschweif".

Zwei weitere Sioux-Häuptlinge, die ebenfalls an Custers Niederlage am Little Bighornbeteiligt waren, trugen den Mustang in ihrem Namen: „Rotes Pferd" und „Geschecktes Pferd". Ein anderer Führer der Sioux hieß „Schnelles Pferd".

„Viele Pferde" wurde im Sommer 1866 Oberhäuptling der Piegan, „Fängt zwei Pferde" war eine der Frauen des Schwarzfuß-Oberhäuptlings „Weißes Kalb". Ein anderer Schwarzfuß, offenbar einer der weniger Vermögenden, hieß

„Besitzt keine Pferde", und „Tagesreiter" war der Name eines weiteren Kriegers der Blackfeet.

„Hat keine Pferde" hieß auch ein Führer der Shoshone, und ein Häuptling der Absaroka wurde „Langes Pferd" genannt.

Kobay-o-burra, „Wildes Pferd", ein Namensvetter Tashunka-witkos, wurde nach dem Tod von Parra-o-coom = Bär (wörtl. männlicher Bär) Oberhäuptling des Kwahadi-Stammes der Nemene.

Kobay-o-toho, „Schwarzes Pferd", wurde zur selben Zeit zweiter Häuptling der Kwahadi-Comanche. Ein weiterer Häuptling der Kwahadi war KIYOU, „Pferderücken".

Schwarzes Pferd war auch der Name eines Häuptlings der nördlichen Tsistsistas (Cheyenne). *Viele Pferde* war der Name eines anderen Cheyenne-Häuptlings. Ein Krieger der Cheyenne wurde *Stutzschwanz-Pferd* genannt. Ein Häuptling der Südlichen Cheyenne hieß *Weißes Pferd*.

Tsen-tainte hieß ein Krieger der Kiowa, was ebenfalls „Weißes Pferd bedeutet. Ein anderer Kiowa-Krieger hatte den Namen *Tsen-tonkee*, das heißt „Jagdpferd".

Fuchsfarbenes Pferd hieß ein Häuptling der Arapaho, und *Gelbes Pferd* ein weiterer Arapaho-Führer. „Gelbes Pferd" war auch der Name eines Führers der Kiowa-Apache. Ein vom berühmten Indianerfotografen Edward Sheriff Curtis abgelichteter Indianer war offenbar ein erfolgreicher Pferdefänger oder -räuber. Es handelte sich um den Atsina *Erbeutet Pferde*.

Ein anderer, ebenfalls von Curtis auf die Platte gebannter Atsina hatte einen Namen, der lediglich auf das Pferd hinweist: „Rote Peitsche".

Catlin portraitierte einen Oberhäuptling der Pawnee mit Namen *Shon-ka-ki-he-ga*, was nichts anderes als „Pferdedieb" bedeutet. Da die Pawnee nicht zu den Sioux gehören, dieser Name aber offensichtlich aus einem Zweig dieser Sprachgruppe stammt, liegt die Vermutung nahe, daß der Pawnee seinen Namen von empörten Sioux-Indianern erhalten hat, denen er allzuoft und erfolgreich Pferde abgenommen hatte.

Ein berühmter Schwarzfuß-Führer trug den Namen *Gebirgspferd*.

Diese Aufzählung ist sicher nicht vollständig. Sie soll mit einem weiteren Namen, der nur indirekt etwas mit dem Pferd zu tun hat, abgeschlossen werden: *Tau-ankia*, „Sitzt im Sattel", Sohn des Kiowa-Häuptlings GUIPAGO. Tau-ankia hatte keine Gelegenheit, berühmt zu werden. Er wurde vom weißen Mann getötet, als er noch ein sehr junger Krieger war.

Sinte-maza, „Eisenschweif", Abbildung auf 5-Cents-Stück.

Tau-ankia, „Sitzt im Sattel" (Kiowa), Sohn von Guipago.

Kobay-o-toho, „Schwarzes Pferd", 2. Häuptling der Kwahadi-Nemene.

„Erbeutet Pferde", ein berühmter Krieger der Atsina.

DIE BEINAHE-AUSROTTUNG DER MUSTANGS DURCH DEN WEISSEN MANN

Nicht nur die US-Kavallerie tötete während ihres Vernichtungskrieges gegen die amerikanischen Ureinwohner in großem Umfang alle Indianer-Ponies, deren sie habhaft werden konnte, sondern auch amerikanische Zivilisten. Rancher und Siedler behaupteten, die Mustangs fräßen ihren Kühen das Gras weg und zertrampelten ihre Felder. Sie schossen jedes Wildpferd ab, das in die Reichweite ihrer Gewehre geriet.

Nachdem im vorigen Jahrhundert der Bison durch den weißen Mann fast ausgerottet worden war, ging es in der ersten Hälfte dieses Jahrhunderts um den Bestand der Mustangs: Sogenannte Mustangjäger fingen die Tiere Zehntausenden. Sie jagten sie mit alten Doppeldeckerflugzeugen aus Armeebeständen oder schossen sie mit auf Lastkraftwagen montierten Maschinengewehren ab. Die Mustangs dienten als Grundlage zur Seifenherstellung! 1924 errichteten die Brüder Cappel in der Nähe von Chicago eine Fabrik, in der die Mustangs zu Hundefutter, zu Chappy, verarbeitet wurden. Für das Pfund Mustangfleisch wurden 6 Cents bezahlt. Als schließlich ein alter Cowboy versuchte, die Fabrik in die Luft zu sprengen, wurde er für verrückt erklärt. Das Geschäft mit den Mustangs ging weiter. Aber auch die Proteste häuften sich. Der alte Cowboy war nicht mehr allein. Unabhängig von ihm setzte sich in Nevada die Farmersfrau Velma Johnston in jahrelangem, zähem Kampf für die Mustangs ein. Das brachte ihr anfangs Spott, dann sogar zwei Attentate und schließlich den Namen „Wildpferd-Anni" ein. Ursprünglich ironisch gemeint, wurde er mehr und mehr zum Ehrennamen, je lauter die Proteste wurden und je weitere Kreise sie ergriffen. Schließlich waren die Proteste so machtvoll, daß sie nicht mehr ignoriert werden konnten. Die Hundefutterproduktion aus Wildpferden wurde endlich eingestellt. Allerdings war damit das Überleben der Mustangs noch nicht gesichert.

1959 verabschiedete der US-Kongreß ein inzwischen wieder aufgehobenes Gesetz, das den Fang von Wildpferden mit Flugzeugen und Motorfahrzeugen verbot; doch das Einfangen von Mustangs ging weiter. Als 1971 die Zahl der Mustangs auf weniger als 10 000 gesunken war, beschwörten Senat und Repräsentantenhaus den alten amerikanischen Pioniergeist, als sie ein noch strengeres Gesetz zum Schutz der Mustangs erließen.

Dadurch ist der Bestand an Wildpferden in den 11 westlichen US-Staaten, in denen es noch freilebende Mustangs gibt, mittlerweile wieder auf mehr als 65 000 Tiere angewachsen. Es sind die Staaten Montana, Wyoming, Colorado, Utah, New Mexico, Arizona, Nevada, Idaho, Washington und Californien. Nevada hat mit 50% den größten Anteil am Bestand.

Das Tier, das dem weißen Mann und seiner Zivilisation im Wege war, so daß er es fast ausrottete, hatte sich im Laufe der Jahre unter dem Schutz des Gesetzes wieder so stark vermehrt, daß es abermals zu einer „Bedrohung für die Zivilisation" wurde. Darum wurde das dem Innenministerium unterstehende BUREAU OF LANDMANAGEMENT damit beauftragt, das Wachstum der Mustangherden der Mustangherden zu kontrollieren. Wieder wurden Flugzeuge eingesetzt, diesmal auch Hubschrauber, um die Mustangs in Corrals zu treiben, die in enge Schluchten gebaut worden waren. Die „überzähligen"

Tsen-Tainte war ein bedeutender Krieger der Kiowa, die auch „Pferdevolk" genannt wurden; auch er hatte das Pferd in seinem Namen: „Weißes Pferd".

Tiere wurden aussortiert und im ganzen Land an Interessenten verschenkt. 1976 und 1977 wurden mehr Mustangs gefangen als Interessenten da waren, und der Winter war so außergewöhnlich naß und kalt, daß im Central Corral von Palomino Valley über 300 Mustangs an Erkältung und Darminfektion starben...

Der weiße Mann, der mit seinem technischen Fortschritt und seiner Zivilisation die Welt so grundlegend verändert hat und noch immer verändert, hat auch den Mustang nicht verschont. Mögen Vater Sonne und Mutter Erde es geben, daß der Bisonhund noch lange seinen Pferd ziehen kann ... solange Gras wächst und Wasser fließt...

„Gebirgspferd", Schwarzfuß. Sein Pferd trägt die Zeichen für: Pferderaub, Feind getötet, Trauer.

Quellen

Ahnert, R.: Die Pferde Nordamerikas. Friedberg/Dorheim: Ahnert o. J.
Ambrose, Stephen E.: Der Häuptling und der General. Entscheidung Little Bighorn. Hamburg: Hoffmann & Campe 1977
Bancroft-Hunt, Norman/Werner Forman: Die Indianer. Auf der Fährte des Büffels. Luzern/Herrsching: Atlantis 1986
Baumann, Peter: Die Erben von Tecumseh und Sitting Bull. Indianer und Eskimo. Berlin: Safari 1975
Brown, Dee: Begrabt mein Herz an der Biegung des Flusses. Hamburg: Hoffmann & Campe 1972
Brown, Paul: Poco, ein Pony im Indianerland. Stuttgart: Franckh'sche 1975
Camus, William: Der letzte Pfeil. Solothurn: Aare 1985
Catlin, George: Die Indianer Nordamerikas und die während eines achtjährigen Aufenthaltes unter den wildesten ihrer Stämme erlebten Abenteuer und Schicksale. Berlin: Commissionsverlag 1924
Catlin, George: Letters and Notes on the Manners, Customs, and Conditions of the North American Indians. New York: Dover Publications, Inc. 1973
Clabby, John: Naturgeschichte des Pferdes. Heidenheim: Hoffmann 1978
Connelley, William Elsey: Indian Myths. New York/Chicago/San Francisco: Rand McNally 1928
Döring, Jürgen: Kulturwandel bei den nordamerikanischen Plainsindianern. Zur Rolle des Pferdes bei den Comanchen und den Cheyenne. Berlin: Reimer 1984
Fehrenbach, T. R.: Comanchen. Hannover: Fackelträger 1975
Gerhards, Eva: Blackfoot-Indianer. Innsbruck: Pinguin-Verlag/Frankfurt/M.: Umschau-Verlag 1980
Haberland, Wolfgang: Ich, Dakota. Pine Ridge Reservation 1909. Berlin: Reimer 1986
Haley, James L.: The Buffalo War. The History of the Red River Uprising of 1874. Norman: University of Oklahoma Press 1985
Hartmann, Horst: Die Plains- und Prärieindianer Nordamerikas. Berliner Museum für Völkerkunde 1973
Hassrick, Royal B.: Das Buch der Sioux. Köln: Diederichs 1982
Hunry Wolf, Adolf: Der Rabe weiß, wo die Sonne wohnt. Aarau, u. a.: Sauerländer 1983
Hungry Wolf, Adolf: Vater Sonne, Mutter Erde. Zeugnisse indianischen Lebens im Einklang mit der Natur. Bern u. a.: Scherz 1984
Hungry Wolf, Beverly: Das Tipi am Rand der großen Wälder. Bern, u. a.: Scherz 1980
Isenbart, Hans Heinrich/Emil Martin Bührer: Das Königreich des Pferdes. München/Luzern: Bucher 1969
Konitzky, Gustav A.: Bisonjäger. Stuttgart: Franckh'sche 1959
Künnemann, Horst: Wigwams, Büffel, Indianer. Die abenteuerlichen Reisen des Malers George Catlin. Würzburg: Arena 1969
Läng, Hans: Kulturgeschichte der Indianer Nordamerikas. Olten: Walter-Verlag 1981
Larsen, Fred: Mit Tomahawk und Friedenspfeife. Das Buch vom Indianer. Gütersloh: Bertelsmann 1957

Lindig, Wolfgang: Geheimbünde und Männerbünde der Prärie- und Waldlandindianer Nordamerikas. Wiesbaden: Steiner 1970
Lugli, Nereo (Hrsg.): Pferderassen. Ursprung und Eignung. München: Südwest 1974
Mails, Thomas E.: Fools Crow. New York: Doubleday 1979
Mails, Thomas E.: The Mystic Warriors of the Plains. New York: Doubleday
Maximilian Prinz zu Wied: Reise in das innere Nordamerika. Bd. 1 + 2. Koblenz: Rhenania-Buchhandlung o. J.
Misch, Jürgen: Der letzte Kriegspfad. Der Schicksalskampf der Sioux und Apachen. Stuttgart: Union 1970
Möllhausen, Balduin: Wanderungen durch die Prärien und Wüsten des westlichen Nordamerika. München: Borowsky o. J.
Roe, Frank Gilbert: The Indian and the Horse. Norman: University of Oklahoma Press 1955
Schwarzer Hirsch: Ich rufe mein Volk. Leben, Visionen und Vermächtnis des letzten großen Sehers d. Oglala-Sioux. Olten/Freiburg i. Br.: Walter o. J.
Sealsfield, Charles: Das Kajütenbuch. Weimar: Verlag für Volks- und Heimatkunde 1921
Silver, Caroline: Pferderassen der Welt. München: BLV 1972
Sobol, Rose: Woman Chief. Es gab eine Frau, die Häuptling war. Aarau/Frankfurt/M.: Sauerländer 1979
Sohre, Helmut: Gespielen des Windes. Von Pferden und Pferdeparadiesen. Düsseldorf: Hoch 1972
Spiegel 45/1987. Hamburg
Steinbach, Gunter: Die Pferde. Stuttgart, u. a.: Deutscher Bücherbund 1979
Thiel, Rudolf: Der Roman der Erde. Wien, u. a.: Neff 1959
Tierfreund Nr. 3/1978. Vom Jagdwild zum Freizeitgefährten - Pferde im Wandel der Jahrtausende. Mainz-Kastel
Ulyatt, Kenneth: The Time of the Indian. Harmondsworth, u. a.: Penguin Books 1975
Weihmann, Dr. Armin Max: Andere Länder - andere Reiter. Mit und ohne Sattel durch die Jahrtausende. Melsungen, u. a.: Neumann-Neudamm 1974
Wiltsey, Norman B.: Die Herren der Prärie. Der Todeskampf der Indianer. Bayreuth: Gondrom 1975
Wissler, Clark: Das Leben und Sterben der Indianer. Wien: Danubia 1948
Wolf, Hans W.: Schätze im Schiefer. Faszinierende Fossilien aus der Grube Messel. Braunschweig: Westermann 1988
Worcester, Donald E.: Die Apachen. Adler des Südwestens. Düsseldorf/Wien: Econ 1982
Zetsche, Hermann: An der Indianergrenze. Erlebnisse eines deutschen Primaners als Grenzsoldat und Kolonist im Westen von Amerika. Dresden: Köhler 1920

Amerikanistik Spezial

Texte zur Völkerkunde und Geschichte Nordamerikas

No. 1
Hermann Schöppl v. Sonnwalden
DIE KRIEGSFÜHRUNG DER ESKIMO UND DER ALEUTEN
Die Eskimo gelten gemeinhin als zutiefst friedfertig. Der bekannte Wiener Ethnologe stellt fest, daß sie sich in ihrem Konfliktverhalten zwar grundlegend von den Indianern unterschieden, aber keineswegs rein defensiver Natur waren. Konflikte mit Normannen, Russen, Engländern und benachbarten Indianern ziehen sich durch die Eskimo-Geschichte. Gründlich wurde das wenige vorhandene Material gesichtet, gewertet, analysiert. Eine wichtige Ergänzung zur vorhandenen völkerkundlichen Literatur. - 63 S., 33 Abb. von Eskimo-Ausrüstungen, Jagd- und Kampfszenen. DIN A 5. Kartoniert, geheftet. DM 12,--

No. 2
Rudolf K. Unbescheid
DAS ABSURDE UNTERNEHMEN DES JOHN BROWN
Im Oktober 1859 überfiel John Brown mit wenigen Anhängern das Bundesarsenal Harpers Ferry, Virginia, um einen bewaffneten Sklavenaufstand auszulösen. Dieses „absurde Unternehmen" (Präsident Lincoln) wurde kurz darauf von Truppen unter Robert E. Lee niedergeschlagen. Brown wurde gehängt: der erste Märtyrer der Anti-Sklavereibewegung. Seine Tat und die Folgen verschärften den Konflikt zwischen Norden und Süden. Browns Aktion forcierte die Entscheidung der Südstaaten, sich von der Union mit dem Norden loszusagen. Insofern hat dieser fanatische Mann doch den Lauf der Geschichte beeinflußt. Von den einen beweint, von den anderen verdammt, ist John Brown bis heute ein Symbol im Kampf um die Rassenemanzipation geblieben. Sein Bild ist dadurch längst zum Klischee geworden. Hier liegt eine objektive, nüchterne Beschreibung des Lebensweges dieses eigenwilligen Mannes vor, sowie eine prägnante Hintergrundanalyse: Vom „blutenden Kansas" bis zum Vorabend des US-Bürgerkrieges und einer kurzen Skizzierung der Folgen bis heute. Ein **Anhang** mit einem Faksimile-Abdruck aus einem zeitgenössischen Bericht über die Taten John Browns. - 61 S., 27 Abb., DIN A 5, kartoniert, geheftet. DM 12,--

VERLAG FÜR AMERIKANISTIK
Postfach 1332 - D-2270 Wyk
Telefon 04681/3112 - (Telefax 04681/3258)